손장 리더십 개발 교재

대답이 준비된 나

순장 리더십 개발 교재_ 대답이 준비된 나

2016년 10월 27일 초판 발행

엮 은 이 한국대학생선교회
발 행 인 김윤희
발 행 처 순출판사
디 자 인 (주)아이엠크리에이티브컴퍼니
일러스트 (주)아이엠크리에이티브컴퍼니
주　　소 서울시 종로구 백석동 1가길 2-8
전　　화 02)722-6931~2 　팩 스 02)722-6933
인 터 넷 http://www.kccc.org
등록번호 제 1-2464 호
등록년월일 1993.3.15.

값 5,000원
ISBN 978-89-389-0301-3

본서의 판권은 순출판사에 있습니다. 무단 전재 및 복제를 금합니다.
책 내용과 관련된 문의는 한국대학생선교회_MRD(02-397-6260)으로 문의 바랍니다.

대답이 준비된 나

1과 변증론 입문　4

2과 복음을 들어본 적이 없는 사람들에 관한 문제 I (제시를 위한 요약)　16

3과 복음에 대해 한 번도 들어보지 못한 사람들은 어떻게 되는가?　24

4과 복음을 들어본 적이 없는 사람들에 관한 문제 II (보충 자료)　36

5과 질문과 반대에 대답하기　52

6과 사랑의 하나님이 어떻게 악과 고통을 허락하실 수 있는가?　58

7과 그리스도의 신성 1부 (제시를 위한 요약)　72

8과 그리스도의 신성 2부　82

9과 성경의 권위 1부 (제시를 위한 요약)　104

10과 성경의 권위 2부 (보충 교재)　114

변증론 입문
Introduction to Apologetics

- 개 관 목 적 -
이 강의의 목적은 당신이 복음의 진실성을 유지하고 방어하는 데 있어서 변증론의
역할을 이해하도록 하는 데 있다.

학 습 목 표

이 강의가 끝날 때 당신은,
1. 변증론의 정의와 목적을 말할 수 있다.
2. 변증의 최종 목적을 말할 수 있다.
3. 질문에 대한 대답의 세 가지 유형을 기록하고 그것들을 사용하는 방법과 때를 설명할 수 있다.

 1 서론

이 강의는 변증론이라는 완전히 새로운 주제를 다룬다. 이것은 전도할 때와 사람들의 질문에 답변을 할 때 보다 기술적으로 대처하도록 도와줄 것이다.

2 변증론의 정의와 목적

벧전 3:15 너희 마음에 그리스도를 주로 삼아 거룩하게 하고 너희 속에 있는 소망에 관한 이유를 묻는 자에게는 대답할 것을 항상 예비하되 온유와 두려움으로 하고

이 말씀은 변증론의 성서적 토대의 핵심이다.

가. 정의

변증론은 무엇인가?

웹스터 사전의 정의에 따르면, 변증론은 _____와 그 _____을 방어하기 위한 신학의 부분이다. (웹스터)

'방어'라는 단어는 그리스어 '변증론'을 번역한 것이다.

나. 목적

1) 그리스도인의 _____을 강화한다.

2) 전도할 때 _____을 준다.

3) 그룹전도 및 전도 준비를 돕는다.

4) 복음에 관심 있는 불신자들에게 논제를 _____ 제시한다.

 ## 3 변증론의 최종 목적

변증론의 최종 목적은 _____의 인격을 제시하는 것이다.

변증을 할 때 논증의 상술에 너무 흥분해서 그리스도를 나타내는 것보다 논증이 목표가 되기 쉽다. 이런 경우에 성령대신 자신의 지혜의 권하는 말에 의존할 위험이 있다.

고전 2:1-5 ¹형제들아 내가 너희에게 나아가 하나님의 증거를 전할 때에 말과 지혜의 아름다운 것으로 아니하였나니 ²내가 너희 중에서 예수 그리스도와 그가 십자가에 못 박히신 것 외에는 아무 것도 알지 아니하기로 작정하였음이라 ³내가 너희 가운데 거할 때에 약하고 두려워하고 심히 떨었노라 ⁴내 말과 내 전도함이 설득력 있는 지혜의 말로 하지 아니하고 다만 성령의 나타나심과 능력으로 하여 ⁵너희 믿음이 사람의 지혜에 있지 아니하고 다만 하나님의 능력에 있게 하려 하였노라

가. 받은 ____에만 답하라.

그리스도를 나타내 보이는 것에서 빗나가지 않기 위해서는, 상대방이 실제로 물어본 질문들에만 답을 하라. 단순한 질문을 한 것에 대해 장황하게 성경의 신실성에 대해 20분 정도 걸리는 강의를 시작하지 말라. 만일 상대방이 특별한 문제에 대해 질문을 하고

그것 때문에 그리스도를 받아들일 수 없다고 지적하거나 혹은 그리스도에게 가까이 오지 못하도록 방해하는 문제를 발견했다면 그 문제에 대해서만 이야기해 주라.

나. ____을 피하라(분산시키는 질문).

　　많은 사람이 자신의 자존심이나 도덕적 문제 때문에 그리스도를 거부한다. 모든 질문이 다 어떤 사람의 인생의 실제적 문제를 다룬다고 할 수는 없다. 그러나 많은 사람들이 그들 인생에 대한 그리스도의 주장을 다루지 않으려는 변명으로 기독교가 가지고 있는 지적인 문제점을 이용한다. 어떤 사람은 의식적 또는 잠재적으로 당신에게 정신을 혼란시키는 질문을 할 수도 있다. 이러한 질문들이 진실한 것인지 그렇지 않은 것인지를 간파하는 것은 언제나 쉬운 일은 아니다.

 질문에 응답하는 방법 알기

가. _____ 응답

정의 : 대화의 촛점을 그리스도에게로 되돌리는 것

되돌리기의 목적은 4영리(또는 P4U) 4가지 원리를 끝마치게 하고 연막을 피하도록 돕게 하는 데 있다. 여러분이 전도하는 자가 그리스도를 영접할 기회를 주기 전에 질문을 할 때, 자칫 중심 목적을 빗나가게 하므로 그것에 대해 답하는 것을 미루라.

전도를 계속하기 위해 되돌리기를 사용하라.
예를 들어, 이렇게 말할 수 있다.
"계속해 봅시다. 저는 사람들이 갖고 있는 많은 의문들이 이 소책자를 끝마칠 때 풀리는 것을 보았습니다. 만약 끝마쳤을 때 여전히 의문이 있다면 그때 그것을 답해 드리겠습니다."
이렇게 하여 중심 논제가 끝날 때까지 질문을 쫓아내 줌으로 연막을 피하도록 도와줄 것이다. 만약 진심으로 그 질문에 관심을 가진 사람이라면 다시 물어볼 것이다. 그때 대답해도 늦지 않다.

나. _____ 응답

정의 : 성서적 혹은 철학적 질문을 다루지 않는 짧고 종종 유머러스한 대답

간결하고 기습적인 응답은 일대 일의 상황에서는 유용하지 못하다. 그러나, 만일 토의가 빠르고 깊이가 없으면서 질문들이 진지하기보다는 재미 위주인 스스럼 없는 집단

에 있다면, 상황에 걸맞은 답을 주어야 한다.

예를 들어, 여러분이 어떠한 토의에 참석했을 때 누군가가 "야, 동환아, 아프리카에 있는 모든 미개인들은 어떠니?"라고 갑자기 물었을 때 다른 상황에서라면 여러분은 이를 진지하게 받아들일 것이다. 그러나 이런 상황에서 이를 진지하게 답하는 것은 분명코 부적절하다. 여러분은 이렇게 말할 수 있다. "기철아, 네가 그것에 관심이 있다니 기쁘구나. 지금 선교 사업에서 빈자리가 많이 있는데 원한다면 아프리카에 한 자리 알아봐 줄 수 있어!" 이렇게 함으로써 여러분은 토의 중에 응답할 수 있다. 언제나 정확한 답만을 제시할 필요 없이 적절할 때 사람들이 알고자 하는 것만큼 응답할 수 있는 것이 필요하다(분별력이 필요하다.).

이것을 언제 사용하는지 여러분이 이해했는가를 알아보기 위해 몇 가지 상황을 생각해 보자. 여러분은 다음과 같은 때 어떻게 응답하겠는가?

- 예 1 : 여러분이 휴가 중에 대가족 만찬에 참석했다. 모든 사람들이 동시에 이야기를 하고 있는데 친척 중 한 사람이 여러분에게 말을 한다. "사랑의 하나님은 우리가 이렇게 진수성찬을 즐기고 있는데 왜 수백만의 사람들은 가난하게 살도록 허락하셨을까?"

어떻게 응답하겠는가?

- 예 2 : 여러분이 일대일로 이야기를 나누고 있는데 친구가 다소 빈정거리며 말을 한다. "넌 실제로 성경을 믿지 않는 것 아니야?"

여러분은 뭐라고 말하겠는가?

_____

_____

다. _____ 를 둔 응답

정의 : 보다 완전한 성서적 혹은 철학적 대답

이 응답은 완전히 성서적일 수도 있고 혹은 적절한 특성을 가진 변증론일 수도 있다. 성서적 근거를 둔 대답을 효과적으로 사용하기 위해서는 이 답이 얼마나 오래 걸리는 가를 아는 것이 중요하다.

일반적으로 전도하는 동안에는 될 수 있는 한 간단히 대답하라. 여러분이 전도하고 있는 사람이 답을 강요하지 않는 한 4영리 10페이지에 있는 기도를 끝마치기 전에 질문에 대한 답을 하지 마라.

 **5 논설의 설명**

가. 전도할 때 받는 네 가지 일반적 질문

질문 1. 그리스도는 하나님인가?
질문 2. 성경은 믿을 만한가?
질문 3. 그리스도에 대해 들어보지 못한 사람들은 어떤가?
질문 4. 사랑의 하나님이 왜 악과 고통을 허락하셨는가?

나. 논설의 목적

1) _____ 를 위한 _____

4영리 10페이지에 있는 기도를 마친 후에 나누라. 4영리 10페이지를 마치기 전에 답을 고집하는 사람들이 가끔 있는데, 이런 경우에는 '제시를 위한 요약'을 나누고 4영리를 계속 하라. 이러한 간단한 대답들은 많은 다른 상황에서도 유용하다.

2) 보다 긴 답변을 위한 기초 마련

이 책에 준비된 논설들은 답변에 대한 기초가 될 것이다. 누군가 여러분이 전도하는 동안에 더 상세한 대답을 듣기 위해 같이 만나기를 원한다면 그 논제에 대한 계속되는 만남을 위해 주된 '참고자료'가 될 수도 있다. 이러한 자료들은 비록 여러분 스스로가 상세한 응답을 준비하지 못한 때라도 '제시를 위한 요약'의 영역을 벗어난 질문에 답할 때 도움이 된다.

👍 6 실천 사항

이 책에 나오는 논설을 읽고 '제시를 위한 4개 요약'을 모두 사용할 준비를 하라.
(1) 복음을 들어본 적이 없는 사람들
(2) 사랑의 하나님이 어떻게 악과 고통을 허락하실 수 있는가?
(3) 그리스도의 신성 1부
(4) 성경의 권위 1부

변증론 입문

1. 변증론을 정의하라.

2. 변증론의 2가지 목적을 기록하라.

3. 변증론의 최종 목적은 무엇인가?

4. 전도하는 동안 받는 질문에 응답하기 위해 쓸 수 있는 3가지 방법은 무엇인가?

5. 제시를 위한 요약이란 무엇인가?

2과
복음을 들어본 적이 없는 사람들에 관한 문제 I
(제시를 위한 요약)

 **서론**

그리스도가 하나님께, 천국에, 그리고 영생에 이르는 유일한 길임을 발견한 후에는 "그리스도에 대해 전혀 들어본 적이 없는 사람들은 어떻게 되는가?" 혹은 "교육을 받지 못한 지역이나 혹은 멀리 떨어진 지역에 살고 있어서 하나님이 계신다는 것을 알 기회가 전혀 없었던 사람들은 어떻게 되는가?"하는 논리적인 질문이 뒤따른다. 한 사람이 그리스도를 영접하는 데 방해가 될 수 있는 모든 장벽을 무너뜨리기 위해서 이와 같은 질문에 대해 명백한 통찰력을 가지고 성경이 우리에게 알려주는 것을 이해해야 한다.

가. '복음을 들어본 적이 없는 사람(heathen)'이라는 말의 일반적인 개념은 하나님 혹은 그리스도에 대해 전혀 들어본 적이 없어서 예수님이 영원한 구원에 이르는 그리고 하나님과의 교제에 이르는 유일한 길임을 알지 못하는 사람을 말한다. 그러나, 로마서 1장에 기록된 사실을 주의 깊게 살펴보면, 복음을 들어보지 못한 사람의 참된 정의가 '하나님이 계시다는 사실에 접해 왔지만 하나님이 그에게 주신 처음의 계시를 거부하고 자진해서 그 이상의 거룩한 계시로부터 마음을 돌려버린 사람'임을 발견하게 될 것이다.

나. 하나님께서는 그분 자신의 계시를 한 인간에서 또 다른 인간에게 전하도록 인간에게만 일임하시지 않는다. 롬 1:19-21은 우리에게 "이는 하나님을 알 만한 것이 그들 속에 보임이라 하나님께서 이를 그들에게 보이셨느니라 창세로부터 그의 보이지 아니하는 것들 곧 그의 영원하신 능력과 신성이 그가 만드신 만물에 분명히 보여 알려졌나니 그러므로 그들이 핑계하지 못할지니라"라고 말한다.

1) 그러므로 하나님 자신이 모든 나라의 모든 사람에게 신의 계시를 최초로 가르쳐 주신 분이다. 롬 1:19 이하에 따르면 어린아이는 충분히 자라야만 하나님으로부터 오는 진리를 조금이라도 받아들일 수 있게 된다. 이것은 일반적으로 '책임 있는 나이'라고 불리운다.

2) 시편의 기자가 시14:1에서 "어리석은 자는 그의 마음에 이르기를 하나님이 없다 하는도다"라고 말한 것은 조금도 이상할 게 없다. 처음에는 하나님의 완전한 계시를 이해할 수 없지만 진실로 그가 '하나님이 없다'라고 말할 수는 없다.

3) 복음을 들어보지 못한 사람에 대한 보충 자료가 이 문제에 관한 증거를 더해 줄 것이다 (제3과).

 **제시를 위한 요약**

가. 서론

1) 변증론에 대해 어떤 자료를 제시하기 전에 항상 먼저 그리스도를 전하라.

2) 그 사람의 질문이 진지한 것인지 아니면 단순히 '연막'을 치기 위한 것인지 판단하라.

   (1) 당신이 그 질문이 정말로 진지한 것인지 아닌지를 결정할 수 없는 경우에 그 사람에게 "제가 이 질문에 대해 성경으로부터 만족스러운 대답을 해드린다면 그리스도를 영접하시겠습니까?"라고 물어라.

   (2) 그 질문에 대한 만족스러운 답을 하는 데 필요한 것 이상의 더 많은 자료를 주지 마라.

   (3) 그가 준비되면 그를 그리스도를 영접하는 문제로 되돌리려고 노력하라.

나. 제시의 내용

원리 : 하나님의 빛은 점진적이어서 우리를 예수 그리스도 안의 진리로 인도한다.

1) 모든 인간은 두 가지 방법을 통해 하나님에 대한 지식을 가지고 있다.

   (1) 자연 계시 : 우리들에게 하나님의 영원하신 능력과 그분의 신성을 보여주시는 것.

   롬 1:20 창세로부터 그의 보이지 아니하는 것들 곧 그의 영원하신 능력과 신성이 그가 만드신 만물에 분명히 보여 알려졌나니 그러므로 그들이 핑계하지 못할지니라

   (2) 양심 : 우리 마음에 새긴 하나님의 율법

롬 2:15 이런 이들은 그 양심이 증거가 되어 그 생각들이 서로 혹은 고발하며 혹은 변명하여 그 마음에 새긴 율법의 행위를 나타내느니라

2) 그러므로 인간은 하나님이 계시다는 것을 아는 데 있어 핑계할 수 없다.

   (1) 롬 1:20

롬 1:20 그러므로 그들이 핑계하지 못할지니라

   (2) 롬 1:21

롬 1:21 하나님을 알되 하나님을 영화롭게도 아니하며…

   (3) 여기에서 핵심적인 요점은 그들이 하나님이 계시다는 것을 알지만, 하나님을 따르지도 예배드리지도 않기로 선택했다는 것이다.

   (4) 롬 1:21-25은 인간이 하나님을 거절할 때 어떤 일들이 일어나는가를 보여준다. 정말 복음을 들어보지 못한 사람(heathen)은 신의 계시를 가지고는 있지만, 그것을 거부한 사람을 말한다.

3) 하나님은 그 사람이 얼마나 멀리 떨어져 사는가 혹은 미개인인가 하는 것과는 상관없이 어느 누구에게서도 멀리 떠나 계시지 않는다.

   (1) 행 17:26-27

행 17:26-27 (그리고 하나님께서) ²⁶인류의 모든 족속을 한 혈통으로 만드사 온 땅에 살게 하시고 그들의 연대(times)를 정하시며 거주의 경계를 한정하셨으니 ²⁷이는 사람으로 혹 하나님을 더듬어 찾아 발견하게 하려 하심이로되 그는 우리 각 사람에게서 멀리 계시지 아니하도다

   (2) 누구든지 하나님을 구하면 그는 그분을 찾을 것이다.
      하나님께서 예수 그리스도에 대해 그에게 말하도록 누군가를 보내실 것이다.

4) 예수 그리스도는 인간이 구원받을 수 있는 유일한 이름이다.

   (1) 행 4:12

행 4:12 다른 이로써는 구원을 받을 수 없나니 천하 사람 중에 구원을 받을 만한 다른 이름을 우리에게 주신 일이 없음이라 하였더라.

   (2) 우리가 구원을 얻을 수 있는 것은 예수 그리스도를 통해서만 가능하다. 그분이 유일한 길이다. 우리는 정말 어떤 신도 믿을 수 없다.

   (3) 하나님의 빛은 모든 사람에게 비추인다.

요 1:9 참 빛 곧 세상에 와서 각 사람에게 비추는 빛이 있었나니

(4) 모든 사람이란 그가 자연적으로 얼마나 고립되어 있는가에 상관없이 교육받은 사람, 교육받지 못한 사람, 도시 사람, 시골 사람 혹은 세계 구석의 어떤 오지에 있는 사람들까지 다 포함한다.

5) 계 3:20으로 돌아가서 그가 원한다면 그에게 그리스도를 영접하도록 권면하라.

 시범

1) 순장은 그의 짝이 될 순원을 선정해야 한다.

2) 당신이 당신의 짝에게 방금 그리스도를 전해 주었고 그가 그리스도를 영접하지 못하도록 방해하고 있는 불신자에 관한 진지한 질문을 했다고 가정하라.

3) 다음과 같이 말함으로써 시범을 시작하라.
"하나님은 사랑이시고 공의로우십니다. 그러기에 그분은 자연의 일반 계시와 그분의 영감에 의해 기록된 말씀의 특별 계시를 통해 그분의 계획이 우리들에게 알려지게 하셨습니다. 하나님이 어떻게 점진적으로 그분 자신을 각 사람에게 드러내 보이시는가를 나눠 보겠습니다. 2. 나. 1)부터 시작하겠습니다. 하나님의 빛은 점진적이어서 우리를 예수 그리스도 안의 진리로 인도합니다"

4 순원들은 그들의 성경에 표시를 해야 한다. 또는 스마트폰 노트에 기록하게 하라.

1) 시범 후 순원들에게 그들 성경 뒤에 또는 스마트폰에 '제시를 위한 요약'에 나오는 성구들을 기록할 시간을 주어라.

2) '우리를 예수 그리스도 안의 진리로 인도하시는 하나님의 빛은 점진적이다.'라는 원칙을 쓴 후에 그에 따르는 성구들을 기록해야 한다.

 5 둘씩 짝지어 연습

1) 순원들로 하여금 그들 성경 뒤에 있는 기록이나 스마트폰을 사용해서 둘씩 짝지어 연습하게 하라.

2) 그들은 각 진술을 읽고 제시를 위한 요약에 나오는 각 성경 구절을 찾아서 그것을 짝에게 나눠야 한다(2. 나. '제시의 내용' 참고).

6 숙제와 점검

1) 순원들은 이 강의를 다시 한 번 읽고 숙지해야 한다.

2) 점검을 위해 그들은 다음 사항을 끝마쳐야 한다.

　(1) '하나님의 빛은 점진적이시다…'로 시작하는 말문을 열어주는 말이나 혹은 원칙을 암기하라.

　(2) 2. 나. '제시의 내용'의 각 진술과 그 진술에 따르는 관계 성구를 암기하라.
　　　1) '모든 인간은 두 가지 방법을 통해 하나님에 대한 지식을 가지고 있습니다.'부터 4) '예수 그리스도는 인간이 구원받을 수 있는 유일한 이름이다.'까지 암기하라.

　(3) 각 성구 아래 있는 진술들(부수적인 사항들)은 암기할 필요는 없지만 순원들은 그 진술들의 요점과 각 성구가 무엇을 말하고 있는지를 간단히 설명하는 법을 알아야 한다.

3) 숙지 사항

그리스도의 신성, 성경의 권위, 복음을 들어 본 적이 없는 사람들에 관한 문제, 이 세 가지 문제점들은 가능한 한 철저히 배워야 한다. 이 세 가지 본질적인 문제에 대한 질문은 모든 민족 속에 그리고 이 난해한 질문에 대한 적절한 답변을 들어본 적이 없는 모든 계층의 사람들 사이에 흔히 있는 것인데 이에 대한 답을 함으로써 '진리의 말씀을 올바로 나눌 수 있을 때' 우리 자신에 대해서 뿐 아니라 그리스도에 대한 중요한 신뢰성을 굳히게 된다.

대부분의 사람들은 길고 복잡한 답을 요구하지 않는다. 그들은 단지 답이 있다는 것과 우리의 메시지가 신뢰할만한 사실과 합당한 증거에 근거한 것인가를 확인하기 원할 뿐이다.

우리 구주의 인격과 주장들은 너무 놀라운 것이어서 그분이 가장 실행 가능한 방법으로 나타내 보이는 것은 당연한 일이다.

3과

복음에 대해 한 번도 들어보지 못한 사람들은 어떻게 되는가?

"데이브 자네 내가 건네준 글 읽어 보았는가?"
(두 사람은 회사 구내식당에서 점심식사를 하고 있다.)

"응, 톰! 그거 읽어 봤지. 고마웠네. 그런데 그 요점에는 동의 할 수 없는 점이 있더군."

"그래? 어떤 점이 가장 동의하기 어렵던가?"

"그래… 뭐랄까… 내 생각에는 그리스도가 십자가에서 이룬 모든 일은 이해가 가는 편이야. 살아오면서 줄곧 그것에 대해 들어왔기 때문에 별로 의심은 하지 않고 있지. 우리가 영생을 얻으려면 그리스도를 개인적으로 영접해야 한다는 것은 충분히 논리적이라고 생각해. 그런데 톰! 복음에 대해 한 번도 들어본 적이 없는 사람들에 대한 문제는 어떻게 되는 건가? 자네도 알다시피 나는 철학을 전공했고 회사 일로 세계 곳곳을 여행하지 않았나? 세계 곳곳에서 나는 기독교의 주장이 분명히 사실이라는 생각을 전혀 하지 못하고 있는 많은 사람을 보았지. 그들은 한 번도 예수에 대해 들어보지 못했거나 들어 보았다고 해도 이 모든 기독교의 주장들에 대해 확실하게 알지 못하는 사람들이지. 그래서 나는 자네가 말하는 사랑의 하나님과 단지 그리스도에 대해 들어보지 못했다는 이유만으로 사람들을 심판을 하시는 하나님을 어떻게 생각해야 좋을지 몰라 고민하는 중일세. 그런 불공평한 일이 일어나도록 하는 하나님께 전적인 헌신을 할 수는 없다는 것이 내 생각일세."

데이브의 질문은 여러 가지 말로 표현되기는 했지만 교육 수준과는 관계없이 각계각층 사람들이 하고 있는 질문이다. 어떤 사람들은 자신들의 인생에 대한 그리스도의 주장을 무시하는 것이 당연하다고 믿고, 그리스도인에게는 어떤 모순이 있다며 아주 적극적으로 그 같은 질문을 하는가 하면, 어떤 사람들은 이런 질문에 대한 해답이 있는지를 알고 싶어 질문하기도 한다.

그리스도에 대해 한 번도 들어보지 못한 사람들에 대해 성경은 과연 뭐라고 말하고 있는가? 먼저 하나님의 성품에 대해 살펴봄으로써 이 문제에 대한 해답을 찾아보기로 하자.

👍 1 하나님은 사랑의 하나님이시며 공의로운 분이시다.

하나님은 그리스도에 대해 한 번도 들어본 적이 없는 사람들의 운명에 깊은 관심을 가지고 계신다. 벧후 3:9에는 "주의 약속은 어떤 이들이 더디다고 생각하는 것 같이 더딘 것이 아니라 오직 주께서는 너희를 대하여 오래 참으사 아무도 멸망하지 아니하고 다 회개하기에 이르기를 원하시느니라"라고 말하고 있는데 이것은 복음에 대해 들어보지 못한 사람들의 구원도 돕고 계시다는 암시이자 그들을 향한 하나님의 열망을 나타낸다.

하나님은 자기 아들을 보내어 그들 대신 죽게 하심으로써 그들에 대한 사랑을 확실하게 보여주셨다(롬 5:8). 또 하나님은 세상을 공평하고 정의롭게 심판하실 것도 말씀하고 계신다(행 17:31). 겔 33:11에서는 "나는(하나님) 악인이 죽는 것을 기뻐하지 아니하고 악인이 그의 길에서 돌이켜 떠나 사는 것을 기뻐하노라…"라고 말하고 있다. 우리가 비록 하나님께서 이런 사람들을 어떻게 다루실지는 알 수는 없지만, 하나님의 심판이 공평하시리라는 것은 안다.

하나님의 사랑은 요 3:16 "하나님이 세상을 이처럼 사랑하사 독생자를 주셨으니 이는 저를 믿는 자마다 멸망치 않고 영생을 얻게 하려 하심이라"라는 말씀에서 예수님이 확증해 주셨듯이 이 세상 그 어느 곳에 사는 사람이라 할지라도 빠짐없이 미치고 있다. 복음을 전혀 들어보지 못한 사람들에 대해 하나님이 어떻게 하시든지 그분이 하시는 일은 공의로운 것이 틀림없다. 창세기 18:25에서 아브라함이 "…세상을 심판하시는 이가 공의를 행하실 것이 아니니이까?"라고 말했을 때 그는 하나님의 이런 공의의 성품을 깨닫고 있었던 것이다.

사랑의 하나님이 사람들에게 영원한 심판을 하실 리는 만무하다는 주장을 흔히 들어보았을 것이다. 그러나 이것은 분명히 인간을 안위하고자 하는 생각에 치우쳐서 나온 주장이다. 같은 이유로 공의의 하나님이 하나님의 기준에 완전히 도달하지 못한 사람들을 정죄하는 것은 정당하다는 주장도 똑같이 성립된다.

이러한 딜레마에 대한 해결책은 공의로 하나님은 모든 인간을 정죄하셨지만 예수 그리스도의 죽음이라는 사랑으로 그 정죄에서 벗어날 수 있는 길을 마련해 주셨다는 사실에서 찾을 수 있다.

그리스도에 대해 한 번도 들어본 적이 없는 사람들을 포함해서 모든 인간의 운명이 하나님의 손에 달려 있다고는 하지만 어떤 사람이 복음에 대해 분명한 설명을 듣지 못했는데도 하나님은 그 사람에 대해 책임을 물으실 수 있는 것인가?

 2 하나님은 자신을 모든 사람에게 계시하셨다.

많은 사람이 예수 그리스도라는 이름을 들어 본 적이 없다는 것이 진실일지 모르나 하나님이 모든 인간에게 증거된 적이 없다는 말은 진실이 아니다. 그 증거로는 세 가지가 있다.

첫째, 자연 만물(피조물)과 양심과 전통(역사)이다. 성경은 분명히 하나님께서는 지으신 모든 만물 속에 누구나 알 수 있는 일반 계시를 나타내 보이셨다(두셨다)고 말하고

있다. 바울은 "창세로부터 그의 보이지 아니하는 것들(속성들) 곧 그의 영원하신 능력과 신성이 그가 만드신 만물에 분명히 보여 알려졌나니…"(롬 1:20)라고 설명하고 있는데 다른 말로 하면, 예술 작품이 있으면 그것을 만든 예술가가 있는 것처럼 이 물질계 우주는 하나님의 존재와 속성을 어느 정도 드러내고 있다는 것이다. 더 나아가 우주가 존재하는 것 자체가 곧 창조주가 계시다는 증거인 것이다. 다윗은 "하늘이 하나님의 영광을 선포하고…"(시 19:1)라고 말하고 있다. 교회에 한 번도 가본 적이 없는 사람이 교회 안에서보다 산에서 하나님을 더 많이 발견하게 된다고 말하는 것이 전혀 틀린 말은 아니다. 인간은 하나님이 만드신 모든 만물을 통하여 창조주가 계신다는 사실을 알 수 있으며 이것은 아주 보편적인 증거이다. 그러나 하나님이 지으신 자연 만물이 분명한 증거이긴 하지만 사람이 구원에 이를 수 있도록 충분한 계시가 자연 속에 주어진 것은 아니다.

둘째, 하나님은 또한 모든 인간의 양심에 빛을 비춰 주셨다. J.오스왈스 샌더스는 이교도(복음에 대해 들어보지 못한 사람)에 대해 다음과 같이 쓰고 있다.

"그들이(복음을 한 번도 들어보지 못한 사람들) 거룩하게 주어진 모세율법이나 그리스도의 가르침을 가지지는 못했지만 그들이 하나님의 계시의 빛에서 멀리 떨어져 있지 않았다는 것은 그들이 남겨 놓은 글 속에서 분명히 알 수 있다."

이런 글들은 하나님께서 인간의 양심에 빛을 비춰 주었다는 성경적 가르침을 뒷받침해주고 있다. 성경은 이 같은 계시를 믿지 않는 자들을 일컬어 '불의로 진리를 막는자(롬 1:18)'라고 말하고 있으며 롬 1:19은 "하나님을 알만한 것이 그들속에 보임이라 하나님께서 이를 그들에게 보이셨느니라"라고 말하고 있고 더 나아가서 롬 2:15은 "이런 이들은 그 양심이 증거가 되어… 그 마음에 새긴 율법의 행위를 나타내느니라"라고 말하고 있다.

또한 노아를 통해 아담에 이르기까지 하나님을 참으로 알던 시대가 있었다는 것은 누구나 추적해서 알 수 있으므로 사회의 전통 속에는 하나님의 진리에 대한 증거가 있었다. 샌더스는 이렇게 설명하고 있다.

하나님께서는 하나님의 율법에 대한 본래의 지식을 그 마음에 아직도 많이 유지하고 있는 모든 인간에게 아무런 증거를 남기시지 않고 계신 것이 아니었다(행 14:17). 죄에 대한 속죄 제사는 아벨의 시대 때부터 전통적으로 누구나 알고 있었으며 그렇게 전래되어 왔다. 이교도들도 죄 사함을 받기 위해 그 머나먼 곳에서부터 순례를 하고 금식을 하며 자기 몸을 학대하고 금욕생활을 하는 것을 보면 자신들의 죄의식과 죄악된 상태를 충분히 알고 있었다는 증거들이다. 그들도 자신들의 기쁨과 슬픔은 하나님에 의해 결정되며 그들의 운명은 이 땅에서 행한 행위대로 보응 받는다는 것을 믿고 있다. 어느 누구도 예수 그리스도에 대해 들어보지 않았다는 이유만으로 정죄 받지는 않을 것이다. 다만 그 사람은 자신의 도덕 기준을 위반한 데 대한 정죄를 받을 것이다(롬 2:12-16).

3 이 세상의 어느 누구도 자기 양심의 빛대로 산 사람은 없다.

성경을 조금이라도 연구해 본 사람이면 복음을 전혀 들어보지 못한 사람이나 그리스도인이나 할 것 없이 자신이 깨달은 만큼 도덕적으로 완벽하게 산 사람은 하나도 없다는 것을 금방 알 수 있다. 바울은 로마서에서 그런 사람들을 '하나님을 알면서도 하나님을 영화롭게도 아니하며 하나님의 영광을(썩어질)형상으로 진리를 거짓으로 바꾼자들' 이라고 말하고 있다. 롬 3:10-11은 더욱 분명히 말하고 있다. "의인은 없나니 하나도 없도다 깨닫는 자도 없고 하나님을 찾는 자도 없도다."

성경에서 말하고 있는 내용, 즉 어느 누구도 완전하게 산 사람은 없다는 것을 우리는 경험을 통해서 알고 있다. 더 나아가 누구도 완전한 삶을 살 수 있다고 주장할 수 있는 사람도 없다.

J. 허드슨 테일러는 복음을 전혀 들어보지 못한 중국에서도 자기 양심의 빛대로 온전히 살아왔노라고 주장하는 사람은 한 번도 만나보지 못했다고 말한다. 결국 우리 모든 인간은 하나님 앞에서 정죄 받을 수밖에 없는 존재가 된 것이다.

이 사실은 우리가 이교도(heathen : 복음을 한 번도 들어보지 못한 사람들)라는 용어의 정의를 좀 더 명확히 내릴 수 있게 해 준다. 일반적으로 '이교도'라함은 복음을 한 번도 들어보지 못한 사람을 지칭하는 것으로 인정되고 있다.

그러나 '이교도'에 대한 정의를 좀 더 정확하게 해둘 필요가 있는데 그것은 복음을 한 번도 들어 보지 못한 사람들을 가리키는 것이 아니라 '_____'을 가리킨다. 따라서 실제로 대륙에 사는 '이교도'들 가운데에도 이 계시에 반응을 보이는 사람들이 있으며 방금 내린 정의에 따르면 이들은 엄밀한 의미에서 이교도로 분류될 수 없다. 그렇다면 그들이 받은 진리의 빛을 거부하지 않은 사람들은 어떻게 되는가?

👍 4 하나님은 자신을 점진적으로 계시하신다.

이 땅에 사는 모든 사람들 중에서 복음을 들으면 반응을 보일 사람들이 있을 것을 성경은 분명히 말하고 있다(계 5:9). 자신이 받은 계시의 빛에 반응을 보이는 사람들은 자신이 완전한 삶을 살아서가 아니라 하나님을 영화롭게 하기로 작정했기 때문에 하나님으로부터 더 많은 계시의 빛을 받게 된다. 사도행전 8장에 이것에 대한 예가 잘 나와 있다.

에티오피아 내시는 자신이 받은 계시에 반응을 보였는데 이것은 분명히 그가 유대교 개종자가 되어 성경을 전수받았기 때문이었다. 그는 진지하게 성경을 탐독했고 하나님은 빌립을 보내어 복음을 전하게 해서 그는 그리스도를 영접하게 되었다.

고넬료도 더 많은 계시의 빛을 받기 위해 간절히 기도했고 그 기도의 응답으로 하나님은 베드로를 그에게 보내셨다. 그도 역시 비유대교적 배경 출신의 사람이었으며 유대교 교리에 상당히 당황해 했지만 마침내는 복음을 들을 수 있었던 것이다.

이런 예는 누구든지 하나님을 알고자 간절히 사모하면 예수에 관한 복음을 들을 수 있게 된다는 것을 잘 말해주고 있다. 그래서 사도 베드로는 "참으로 하나님은 사람을 외모를 취하지 아니하시고 각 나라 중 하나님을 경외하며 의를 행하는 사람은 하나님이 받으시는 줄 깨달았도다"라고 고백한 것이다. 그리고 하나님을 아는 지식에 한계가 있는 사람들일지라도 하나님께서 받아주신 예도 성경에 나와 있다. : 창녀 라합(수 2:9, 히 11:31), 시리아의 나아만 장군(왕하 5:15-19), 요나의 복음을 듣고 회개하고 돌아온 니느웨 백성(욘 3:5) 등의 경우가 그 예이다. 이들은 모두 하나님을 아는 지식이 극히 미약했음에도 불구하고 하나님에 대한 믿음으로 구원을 받은 자들이다.

바울은 하나님의 의는 믿음에서 믿음으로, 즉 하나님의 계시에 대해 믿음으로 반응하면 하나님도 점진적으로 더 깊은 믿음으로 인도해 주신다는 것을 말하고 있다(롬 1:17). 이것이 단순한 이론이 아니라는 것은 오늘날 사람들의 생활 속에서도 찾아볼 수 있다.

남태평양에 선교사로 갔던 CCC 간사 한 사람이 고국으로 돌아오면서 인도네시아의 아리안 자야 지역의 선교사 이야기를 들려주었다.

예화

예전의 선교사들은 심각한 언어 장벽 때문에 이 지역에 도무지 복음을 전할 수가 없었다. 데이브가 비행기에서 내리자마자 한 원주민 청년이 그에게로 막 달려와서 자신을 내어 맡기며 그를 위해 일하고 싶다고 말했다. 그후 4개월 동안 그 청년은 데이브가 집을 짓고 정착하기까지 함께 일하면서 데이브의 언어 교사 노릇을 했다. 데이브는 믿을 수 없을 만큼 짧은 기간에 언어를 완전히 습득했다. 그 청년이 데이브에게 연결되게 된 연유를 듣게 된 것은 한참이 지난 후였다. 데이브가 그 마을에 도

> 착하기 얼마 전 그 청년의 아버지가 돌아가셨다. 그분은 돌아가시기 전 자기 아들을 불러 놓고 자기가 본 환상에 대해 들려주었다. 그 환상 속에서는 어떤 백인이 하나님에 대한 진리를 설명하기 위해 자기 마을로 오고 있었다. 아버지는 그 백인의 모습을 아들에게 묘사했고 그 백인이 나타나거든 그를 위해 일할 것과 이 백인이 생명의 말씀과 하나님께로 이르는 도를 전파할 것이므로 그에게 언어를 가르치라고 말해 주었다. 그래서 이 청년은 아버지의 말씀에 순종해서 데이브가 오자마자 그에게 다가왔다는 것이었다. 데이브가 그곳에서 첫 안식년을 맞아 돌아올 때까지 그는 약 10,000명의 결신자를 얻었다.

하나님은 마 7:7에서 "구하라 주실 것이요 찾으라 찾을 것이요"라고 약속하신대로 믿음으로 반응하는 사람들에게는 반드시 자신을 계시하신다.

따라서 복음은 반응을 보이는 자들에게는 전해지도록 되어 있다.

 성경은 예수 그리스도 없이는 아무도 구원받을 수 없다고 가르친다.

이 문제에 대해 신약은 분명한 입장을 보여준다. 예수님도 직접 요 14:6 에서 "내가 곧 길이요 진리요 생명이니 나로 말미암지 않고는 아버지께로 올자가 없느니라"라고 말씀하셨다. 베드로도 행 4:12 에서 "천하 사람 중에 구원을 받을 만한 다른 이름을 우리에게 주신 일이 없음이라"고 말하고 있다. 그리스도를 인정하지 않고도 복음을 한 번도 들어 보지 못한 사람들이 구원받을 수 있다고 주장하는 이론을 여러 가지로 제시하는 사람들이 많이 있다. 그러나 성경은 이 문제에 대한 모든 질문에 대해 답하지 않고 있으며 그런 이론을 뒷받침하는 근거도 전혀 가지고 있지 않다.

하나님께서 수많은 사람을 멸망시키는 것은 도저히 있을 수 없는 일이라고 말하는 것은 노아 시대에 하나님의 계시를 거부한 모든 사람들(8명을 제외하고)이 멸망 받은 사실을 간과하고 있다. 어떤 사람들은 복음을 한 번도 들어보지 못한 사람들은 그리스도께서 재림하시기 전 사람들이 심판받을 때 같이 심판받을 것이라고 확신에 차서 말하기도 한다. 이것은 전혀 근거 없는 생각이며 그런 견해를 반대하는 수많은 성경 구절이 있다.

만일 누구든지 선입견에 사로잡힌 이론을 가지지 않고 성경에 다가간다면 그리스도를 떠나서는 어느 누구도 구원받을 수 없다는 자명한 결론에 도달할 수 있을 것이다.

대화샘플

그리스도인의 말	비그리스도인의 말
1. 복음에 대해 한 번도 들어보지 못한 사람들에 대해 문의하셨는데 제가 그 부분에 대해 간략하게 요점을 말씀드리죠.	그렇게 해 주시죠.
2. 좋습니다. 먼저 하나님은 사랑의 하나님이시고 공의의 하나님이라는 사실을 말씀드리겠습니다. 하나님이 하시는 일은 그것이 어떤 일이든지 다 공평한 것이지요. 성경을 보실까요. 이 구절 좀 읽어 주시겠습니까? (벧후 3:9)	(읽는다)
3. 하나님께서는 복음을 들어보지 못한 사람들에 대해 우리보다 더 관심을 가지고 계신다고 말씀하고 있지요? 이 구절도 읽어주시겠습니까? (창 18:25)	(읽는다)
4. 하나님은 공의롭게 행하실 것입니다. 이 구절(롬 1:19-20)에 의하면 하나님은 모든 사람에게 자신을 계시해 주셨습니다. 어떤 사람들이 생각하는 것처럼 복음에 대해 한 번도 들어보지 못한 사람들이라고 해서 완전히 흑암 가운데 내버려 두신 것이 아니었습니다. 그러나 어느 누구도 그 받은 계시의 빛대로 살지 못했습니다. 그래서 모두 다 정죄 받게 된 것이지요. 이 구절도 볼까요? (롬 3:10-12)	(읽는다)
5. 그러나 우리는 하나님께서는 하나님의 계시의 빛에 반응하는 사람들에게는 점진적으로 자신을 계시하시는 분이라는 것도 알아야 합니다. 마 7:7-8에 의하면 복음을 듣고자 열망하는 자들에게 복음은 반드시 전파된다는 것을 알 수 있습니다.	

6. 마지막으로 그리스도 없이는 어느 누구도 구원을 받을 수 없다고 성경은 말하고 있습니다. (요 14:6을 보여주어라)	이제 알 것 같습니다.
7. 좋습니다. 그리스도를 영접하면 어떤 일이 일어나는지 알려 드리죠 (4영리나 P4U의 영접기도문으로 가서 다시 한 번 기도 하게 하라).	

4과 복음을 들어본 적이 없는 사람들에 관한 문제 II (보충 자료)

 서론

　기독교에 대한 가장 흔한 비난은 기독교가 너무 배타적이라는 것이다. 그들은 하나님이 예수 그리스도에 대해 한번도 들어본 적이 없는 사람들을 심판하신다고 말하며 사람들은 계속해서 하나님을 불공평한 분이라고 비난하고 있다.

　아래의 내용은 하나님이 모든 인종의 사람들에게 그분 자신을 어떻게 나타내 보이시는가를 보다 완전하게 보여주기 위해 만들었다.

2 인간의 인식에 대한 3가지 체계

가. 합리주의 - '인간의 이성'

1) 정의 : 자신의 의견이나 행동 과정의 결정에서 이성을 그 유일한 근거로 받아들이는 원리 혹은 관행

2) 철학에서 그것은 감각보다는 이성이나 지성이 지식의 유일한 근원으로 삼는 교리 (웹스터)

   (1) 이 학설에서는 모든 성경이 인간의 이성에 종속된다.
   (2) 초자연성이 거부된다.
   (3) 인간의 마음이 인식의 기준이고 인간은 믿음을 행사하지 않는다.

3) 데카르트는 합리론이 하나님을 아는 것에 실패했음을 논증했다.
   "나는 생각한다. 고로 나는 존재한다."

나. 경험주의 - '과학적 방법'

1) 정의 : 관찰과 실험에 의한 지식 탐구 : 과학적 방법을 무시하고 오로지 경험에 의지함(웹스터)

2) 철학에서 그것은 감각적 경험이 지식의 유일한 근원이라는 학설

3) 오감을 통한 지식(보고, 듣고, 맛보고, 냄새 맡고, 느끼는 것)

4) 아리스토텔레스는 경험론이 '부동의 동자(The unmoved mover)' 이신 하나님을 이해하고 아는 것에 실패했음을 논증했다(참고 : 부동의 동자는 아리스토텔레스가 창안한 개념으로 전 우주의 운동의 제1원인을 일컫는다. 이름에서 나타나듯 부동의 동자는 본인을 제외한 모든 것은 운동하게 하지만 자신은 본인보다 선행한 행위에 의해 움직이지 않는다는 개념이다.).

다. 믿음

1) 정의 : 하나님, 종교 등에 대한 의심치 않는 신뢰 : 완전한 신뢰, 확신 혹은 의존 : 어떤 사람이나 혹은 사물에 대해 충실함(웹스터)

   히 11:1 믿음은 바라는 것들의 실상이요 보지 못하는 것들의 증거니

2) 확정된 기준을 실체의 근거로 받아들이는 지각 체계

3) 이 기준은 개인의 능력 밖에 있다. : 그러므로 믿음은 권위와 진실성 혹은 또 다른 것에 대한 확신이나 신뢰이다.

4) 믿음은 지각에 대한 유일한 비 행위 체계이다. : 믿음은 인간 행위의 성취가 아닌 영적 계시를 통해 온다.

5) 믿음은 모든 사람에게 공통되는 유일한 지각 체계이다.

라. 결론

인간이나 하나님을 알고 이해하는 것과 관련하여 쟁점이 되는 것은 인간의 이성이나 혹은 다른 사람들의 관찰과 경험이 아니라 믿음, 즉 신뢰할 만한 존재에 대한 믿음이다. 오늘날 그리스도인들이 받아야 할 도전은 그리스도를 도처에 있는 사람들에게 소개함으로써 주님께서 스스로 자신을 계시하시도록 하는 것이다.

하나님의 존재에 대한 논리적 접근

전제 : 하나님이 누구에게나 그분 자신을 나타내 보이시기 위해서는 하나님은 존재하셔야만 한다.

가. 종교적 접근

1) 인간들이 보편적으로 하나님의 존재를 믿기 때문에 하나님은 존재해야만 한다.

2) 이 경우에 인간의 마음은 믿음을 실체에 대한 기준으로 설정한다.

3) 예 : 대부분의 종교는 인간의 필요를 나타낸다. 멕시코의 피라미드와 인도의 사원들이 인간의 영적 탐색에 대한 본보기이다. 역사가 피셔(Fisher)는 "세상에서 그 답을 얻을 수 없는 영혼의 외침이 있다."라고 말했다(『증거』, 141쪽).
(참고 : 피라미드는 이집트에만 있는 것이 아니다. 멕시코의 테오티와칸에도 있다. 이곳은 거대한 피라미드 건축물이 세워진 곳으로 이 도시는 서기 원년-500년 사이에 정점을 맞은 곳으로 알려져 있다. 테오티와칸은 '신의 탄생지'로 번역됐다.)

나. 도덕적 혹은 인류학적 접근

   1) 인간은 그릇된 것을 넘어 올바른 것을 택하려는 양심을 가지고 있다.

   2) 사회 구조와 인간의 정부 기능 등이 미덕과 진리에 대한 인간의 인식을 표현해 주고 있다.

다. 존재론적 접근

   1) 인간의 마음은 완전하고 절대적인 존재에 대한 개념을 가지고 있다. 그러므로 그러한 신이 존재해야만 한다.

   2) 이 경우에 인간은 실체의 기준으로 합리론을 이용한다.

   3) 예 : 조세프 파커는 『엑시 데이어스(Ecce Deus)』에서 "오직 그리스도를 인식할 수 있었을 것이다."라고 썼다.

라. 목적론적 접근

   1) 만유의 구조는 설계자를 필요로 한다(롬 1:19-20).

   2) 이 경우에 인간은 실체의 기준으로 경험론을 이용한다.

마. 우주론적 접근

　1) 직관적 인과법칙은 하나님의 존재를 필요로 한다.

　2) 이것은 합리론과 논리학을 합한 인식 과정이다.

4 책임감 있는 나이의 태도(하나님 의식에 대한 반응)

가. 사람이 하나님을 의식하게 될 때 그는 적극적이거나 소극적인 의지력을 행사한다.

　1) 적극적 의지력 : 하나님을 알고 그분과 교제하려는 열망

　2) 소극적 의지력 : 하나님을 아는 데 관심 없음

나. 사람이 '책임감 있는 나이'가 되어서 하나님을 알고자 하는 열망이 있을 때 하나님은 지식과 기회를 주시겠다고 약속하신다.

　1) 렘 29:13

　　렘 29:13 너희가 온 마음으로 나를 구하면 나를 찾을 것이요 나를 만나리라

2) 신 4:29

신 4:29 그러나 네가 거기서 네 하나님 여호와를 찾게 되리니 만일 마음을 다하고 뜻을 다하여 그를 찾으면 만나리라

3) 잠 8:17

잠 8:17 나를 사랑하는 자들이 나의 사랑을 입으며 나를 간절히 찾는 자가 나를 만날것이니라

4) 마 7:7-8

마 7:7-8 구하라 그리하면 너희에게 주실 것이요 찾으라 그리하면 찾아낼 것이요…

5 하나님의 성품

가. 도처에 있는 사람들이 그분을 알게 되도록 그분 자신을 드러내 보이고자 하는 열망을 가진 사람들에게 하나님께서 관심이 있으심을 보여주는 특성들

1) 주권자 되심 : 하나님은 인류를 위한 계획을 갖고 계시는 만유의 최고의 존재이시다.

(1) 엡 1:5

엡 1:5 그 기쁘신 뜻대로 우리를 예정하사 예수 그리스도로 말미암아 자기의 아들들이 되게 하셨으니

(2) 시 24:1

시 24:1 땅과 거기에 충만한 것과 세계와 그 가운데에 사는 자들은 다 여호와의 것이로다

2) 의로움 : 하나님은 절대적으로 거룩하시고 완전하시다.

(1) 신 32:4

신 32:4 그는 반석이시니 그가 하신 일이 완전하고 그의 모든 길이 정의롭고 진실하고 거짓이 없으신 하나님이시니 공의로우시고 바르시도다

(2) 롬 10:3

롬 10:3 하나님의 의를 모르고 자기 의를 세우려고 힘써 하나님의 의에 복종하지 아니하였느니

3) 공평하심 : 하나님이 불공평한 일을 행하시는 것은 불가능하다.

하나님의 판단은 완전하시고 완전함을 필요로 하신다.

(1) 창 18:25

창 18:25 주께서 이같이 하사 의인을 악인과 함께 죽이심은 부당하오며 의인과 악인을 같이 하심도 부당하니이다 세상을 심판하시는 이가 정의를 행하실 것이 아니니이까

(2) 시 98:9

시 98:9 그가 땅을 심판하러 임하실 것임이로다 그가 의로 세계를 판단하시며 공평으로 그의 백성을 심판하시리로다

(3) 공의는 구속 계획에 가장 잘 나타나 있다. 하나님은 의로운 심판자이시므로 그분은 죄를 정죄하셔야만 한다. 하지만 그분은 그분 자신이 우리의 죄 값을 치르심으로 그리스도에 대한 우리의 믿음으로 우리에게 그분의 의를 입혀 주신다.

4) 사랑하심 : 하나님은 영원하고 변치 않는 무조건인 사랑이시다.

(1) 렘 31:3

렘 31:3 옛적에 여호와께서 나에게 나타나사 내가 영원한 사랑으로 너를 사랑하기에 인자함으로 너를 이끌었다 하였노라

(2) 요 15:13

요 15:13 사람이 친구를 위하여 자기 목숨을 버리면 이보다 더 큰 사랑이 없나니

(3) 적용 : 하나님이 우리의 구원을 계획하실 만큼 우리를 사랑하셨고 그리스도가 십자가 상에서 우리의 구원을 주실 정도로 우리를 사랑하셨다면 틀림없이 하나님은 인간들에게 그 사랑과 계획을 어떻게 경험할 수 있는지를 나타내 보이실 것이다.

5) 영생하심 : 하나님은 시작과 끝이 없으신 절대적인 존재이시다. 그분은 여호와, '자기 자신을 나타내 보이시는 스스로 존재하는 자'라고 불리신다.

   (1) 출 3:14

   출 3:14 하나님이 모세에게 이르시되 나는 스스로 있는 자이니라 또 이르시되 너는 이스라엘 자손에게 이같이 이르기를 스스로 있는 자가 나를 너희에게 보내셨다 하라

   (2) 요 8:58

   요 8:58 예수께서 이르시되 진실로 진실로 너희에게 이르노니 아브라함이 나기 전부터 내가 있느니라 하시니

   (3) 적용 : 하나님이 영생이시고 영생을 주신다면 영생을 얻는 방법이 인간에게 계시 되는 것은 당연한 이치이다.

나. 그리스도를 영접하는 것 외에 다른 방법이 없다. : 그분이 유일한 길이시다.

   1) 요 14:6

   요 14:6 예수께서 이르시되 내가 곧 길이요 진리요 생명이니 나로 말미암지 않고는 아버지께 로 올 자가 없느니라

   2) 행 4:12

   행 4:12 다른 이로써는 구원을 받을 수 없나니 천하 사람 중에 구원을 받을 만한 다른 이름을 우리에게 주신 일이 없음이라 하였더라

3) 고전 3:11

고전 3:11 이 닦아 둔 것 외에 능히 다른 터를 닦아 둘 자가 없으니 이 터는 곧 예수 그리스도라

4) 히 10:12

히 10:12 오직 그리스도는 죄를 위하여 한 영원한 제사를 드리시고 하나님 우편에 앉으사

5) 딤전 2:5

딤전 2:5 하나님은 한 분이시요 또 하나님과 사람 사이에 중보도 한 분이시니 곧 사람이신 그리스도 예수라

다. 하나님 성품의 적용

1) 하나님은 완전히 의로우시고 공정한 분이시므로 그분이 어떤 사람에게든지 불공평하신 것은 있을 수 없다.

2) 모든 세대에 복음이 전파될 것이라는 약속

(1) 사 51:8

사 51:8 옷 같이 좀이 먹을 것이며 양털 같이 좀벌레가 그들을 먹을 것이나 나의 공의는 영원히 있겠고 나의 구원은 세세에 미치리라

(2) 행 14:16-17

행 14:16-17 ¹⁶하나님이 지나간 세대에는 모든 민족으로 자기들의 길들을 가게 방임하셨으나 ¹⁷그러나 자기를 증언하지 아니하신 것이 아니니 곧 여러분에게 하늘로부터 비를 내리시며 결실기를 주시는 선한 일을 하사 음식과 기쁨으로 여러분의 마음에 만족하게 하셨느니라

(3) 골 1:5-6

골 1:5-6 ⁵너희를 위하여 하늘에 쌓아 둔 소망으로 말미암음이니 곧 너희가 전에 복음 진리의 말씀을 들은 것이라 ⁶이 복음이 이미 너희에게 이르매 너희가 듣고 참으로 하나님의 은혜를 깨달은 날부터 너희 중에서와 같이 또한 온 천하에서도 열매를 맺어 자라는도다

3) 하나님은 모든 인간이 다 구원받기를 바라신다.

 (1) 벧후 3:9

벧후 3:9 주의 약속은 어떤 이들이 더디다고 생각하는 것 같이 더딘 것이 아니라 오직 주께서는 너희를 대하여 오래 참으사 아무도 멸망하지 아니하고 다 회개하기에 이르기를 원하시느니라

 (2) 성경은 어떤 사람들은 구원받지 못할 것이라는 사실을 드러내고 있는데 이것은 그들을 구원코자 하시는 하나님의 예비하심을 그들 자신이 의지적으로 거부하기 때문이지 그들에게 전해주고자 하시는 하나님의 관심이 부족해서가 아니다.

라. 하나님의 계획 속 그리스도인들의 특권

1) 요 15:16

요 15:16 너희가 나를 택한 것이 아니요 내가 너희를 택하여 세웠나니 이는 너희로 가서 열매를 맺게 하고 또 너희 열매가 항상 있게 하여 내 이름으로 아버지께 무엇을 구하든지 다 받게 하려 함이라

2) 로마서 10:13-15

롬 10:13-15 ¹³누구든지 주의 이름을 부르는 자는 구원을 받으리라 ¹⁴그런즉 그들이 믿지 아니하는 이를 어찌 부르리요 듣지도 못한 이를 어찌 믿으리요 전파하는 자가 없이 어찌 들으리요 ¹⁵보내심을 받지 아니하였으면 어찌 전파하리요…

3) 하나님은 우리에게 우리 세대에 복음을 전하는 기쁨과 특권을 나누게 하셨다.

6 대부분의 그리스도인들이 알고 있는 것보다 훨씬 더 많은 사람들이 복음을 들어왔다.

가. 위의 사실에 비추어 볼 때 매 세대마다 세상에 복음이 전파되어 왔다고 해도 과언이 아니다.

1) 기원 후 1세기에 인도에서 마태복음이 발견되었다.

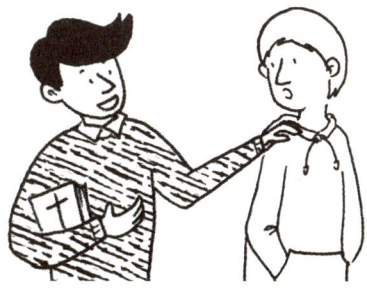

2) 기원 후 190년에 알렉산드리아 출신의 개종자인 폰티우스는 인도에 선교사로 가서 신자들이 히브리서를 공부하는 것을 발견했다.

3) 3-4세기에 북아프리카는 200년 동안 기독교 신앙을 들었다. 북아프리카의 선교사들은 메시지를 가지고 서부 유럽으로 갔다.

4) 6세기에 네스테리우스교의 신봉자들이 100년 동안 중국에 완전히 복음을 전했다는 것이 중국에서 발견된 기록들을 통해 드러났다.

나. 열방에게 하신 예수님의 약속

1) 마 24:14

마 24:14 이 천국 복음이 모든 민족에게 증언되기 위하여 온 세상에 전파되리니 그제야 끝이 오리라

2) 이것은 그리스도의 재림에 대한 언급이다. 우리는 모든 민족에게 믿고 구원받을 기회를 주기 위해 하나님의 메시지가 세계 구석구석에 뻗어 나감을 본다.

3) 성경은 세계 전역에서 온 사람들이 천국에 있을 것임을 시사하고 있다.

   (1) 계 7:9

계 7:9 이 일 후에 내가 보니 각 나라와 족속과 백성과 방언에서 아무도 능히 셀 수 없는 큰 무리가 나와 흰 옷을 입고 손에 종려 가지를 들고 보좌 앞과 어린 양 앞에 서서

   (2) 계 5:9

계 5:9 새 노래를 불러 이르되 두루마리를 가지시고 그 인봉을 떼기에 합당하시도다 일찍이 죽임을 당하사 각 족속과 방언과 백성과 나라 가운데에서 사람들을 피로 사서 하나님께 드리시고

질문과 반대에 대답하기

- 개 관 목 적 -
순원들에게 그리스도를 전할 때 질문과 반대들을
다루는 방법에 관한 이해를 도모한다.

 서론

벧전 3:15 "너희 마음에 그리스도를 주로 삼아 거룩하게 하고 너희 속에 있는 소망에 관한 이유를 묻는 자에게는 대답할 것을 항상 준비하되 온유와 두려움으로 하고"

베드로는 하나의 포괄적인 문장을 사용하여 모든 믿는 자들이 그리스도인의 믿음에 대해 사람들이 제기할지도 모를 여러 가지 질문에 대답할 것을 준비해야 한다고 가르친다.

2 당신의 질문들과 반대에 직면했을 때 기억해야 할 원리들

가. 복음을 대신할 수 있는 것은 아무것도 없다는 것을 알아야 한다. 변증적인 대답으로 그리스도를 믿게 하지는 못한다. 당신이 전도할 때 예수 그리스도를 소개하는 것에서 빗나가지 않도록 하라.

나. 4영리를 전할 때 질문이나 문제가 제기 되면 "그것 참 좋은 질문이군요. 먼저 이것(4영리)을 마친 후에 그때에도 당신의 질문에 대한 해답이 되지 않는다면 몇 분 동안 함께 더 이야기해 보도록 합시다. 좋습니까?"라고 말하라.

다. 즉각 대답해야 할 질문이라면 민첩하게 말해주고(그러나 조급하지 않게) 예수 그리스도에 관한 이야기로 돌아가라. 상대방을 만족시키는 데 필요한 조언을 가능한 적게 하고 4영리 소개로 돌아가라.

라. 논쟁하지 말라. 친절하라. 당신은 논쟁에서 이길 수 있겠지만 대신 영혼을 잃을 수도 있다. 당신은 사람의 입과 마음을 동시에 닫게 할지도 모른다.

마. "잘 모르겠습니다."라고 말하는 것을 결코 두려워하지 말라. 당신이 모르는 것에 대해 사람들은 결코 정죄하지 않을 것이다.

바. 그리스도가 당신에게 개인적으로 준 의미를 항상 포함시키라.
당신이 이야기해야 하는 것은 자신의 경험과 그리스도가 그 일을 하셨던 방법에 관한 것이다. 어떠한 사람도 이것을 논쟁할 수는 없다.

사. 많은 사람들이 그리스도인의 믿음에 반대하는 것은 아님을 알아야 한다. 그들은 단지 혼동되거나 오해하고 있고 기독교에 대한 그들의 관점을 명료하게 하고 싶어 할 뿐이다.

아. 새신자나 의심을 갖고 있는 신자들에게 그들의 믿음을 견고하게 할 수 있는 지식이 필요하다는 것을 인정하라.

자. 좋은 청취자가 되라. 그러면 그도 당신의 말에 더욱 귀를 기울이게 될 것이다.

차. 그리스도께서도 오늘날 우리가 부딪히게 되는 그런 종류의 사람들을 만나셨던 사실을 인식하라. 그 당시에도 역시 우상숭배, 유대교, 불가지론, 철학 및 종파가 있었다.

3 사람들이 그리스도께 오지 않는 이유들

가. 자기 만족감 : 그들은 그리스도의 필요를 느끼지 못한다. 그들은 그리스도가 필요하다는 것을 깨달아야 한다. (그리스도는 그들이 느끼든지 혹 못 느끼든지 존재하신다고 말씀하신 분이다.) (눅 12:16-21)

나. 그들 자신과 그들의 지식이 하나님 앞에서 보잘것없는 것임을 인정하려 들지 않으며 도움이 필요하다는 사실과 구원의 필요성도 인정하려 들지 않는다. (교만) (고전 1:17-31, 골 2:9)

다. 하나님의 뜻에 대한 두려움 : 그들은 하나님이 그들의 계획을 변경시키지나 않을까 염려한다. 우리는 하나님의 사랑 안에 거해야 한다. 자기 아들을 아끼지 않으시고 내어주신 하나님이 가장 좋은 것을 주실 것이다.

라. 도덕적 문제들 : 기독교가 진리라면 그들은 자신들이 죄인임을 알게 된다. 또 그들이 그리스도인이 된다면 그것이 제시하는 표준에 맞는 삶을 살 수 없다는 것을 느끼게 된다. 분명하게 해야 할 것은 우리 모두가 죄인이라는 사실이다. 그러나 하나님은 그리스도 안에서 우리를 완전히 용서하신다. 그때 하나님은 풍성하고 충만한 새로운 삶을 살고자 하는 소원과 능력을 주신다. (딛 3:5, 빌 2:13, 요 10:10)

마. 사회적인 핍박과 친구들의 비판에 대한 두려움 : 핍박을 당할 수 있으나 그리스도께서 그것에 대해 승리하실 수 있다는 것을 그들에게 말하라(요 16:33). 또한 비판을 하는 그들도 궁극적으로 그리스도가 필요한 자들임을 인식 시키라.

바. 실패 및 위선적으로 되는 것에 대해 두려움 : 많은 사람들은 그들 자신이 생활 속에서 짓는 죄와 연약함 때문에 그리스도를 영접하지 않는다. 그들에게, 그리스도는 우리의 이 모습 이대로를 원하시며 우리의 삶을 정결케 하시고 또 우리를 그리스도께서 원하시는 사람으로 만드는 것은 그분의 책임이라는 것을 보여주어야 한다. 우리는 "주님, 그렇게 변화되고자 기꺼이 당신께 저를 맡깁니다."와 같은 태도를 가져야 한다(빌 1:6; 2:13).

사. 참으로 지적인 질문들 : 지적인 질문들에 대한 의문을 가지고 이것이 해결되지 않아 믿지 못하는 부류이다. 이러한 부류는 당신이 생각하는 것보다 상당히 적다(약 1:5-6, 고전 1:17-31).

아. 뚜렷한 계기가 없었음 : 많은 사람들이 의외로 안 믿고자 한 것은 아니나 뚜렷한 계기나 기회가 주어지지 않아 믿지 않는 사람도 많다. 즉, 누군가가 담대하게 이들에게 다가가주지 않아서 방치된 자들이 많이 있다.

6과

사랑의 하나님이 어떻게 악과 고통을 허락하실 수 있는가?

- 개 관 목 적 -

이 과의 목적은 불신자가 "전능하고 전선(완전히 선하심)한 하나님이 어떻게 악과 고통을 허락하실 수 있는가?"라고 물을 때 거기에 대한 제시를 위한 요약을 사용할 수 있도록 준비시켜 주는 데 있다.

학 습 목 표

이 강의가 끝날 때 당신은,

1. 악과 고통의 문제에 대한 전통적인 견해를 말로 나타낼 수 있다.
2. "사랑의 하나님이 어떻게 악과 고통을 허락하실 수 있는가?"라는 질문에 대한 '제시를 위한 요약과 그것의 9가지 요점들 하나하나에 대한 성경적 증거를 제시할 수 있다.
3. '제시를 위한 요약으로부터 자연스럽게 4영리에 있는 영접 기도문으로 전환하여 상대방이 그리스도를 영접하도록 권면할 수 있다.

 1 악과 고통의 문제에 대한 전통적인 견해

가. 소규모 토의

하나님은 전능하시거나 전선(완벽히 선하심)하시지 않거나 둘 중 하나이다. 그래서 악이 끊이질 않는다. 또는 하나님은 전선하시지만 악을 멈추실 수 없다. 그렇다면 그는 전능하시지 않다.

이것은 전통적으로 내려오는 문제이다. 우리는 하나님께서 자신의 성품과 사람의 본성에 대해 말씀하신 것을 살펴봄으로써 이 문제에 대한 만족스런 해답에 다다를 수 있다.

이것은 예전부터 제기된 문제이다. 역사를 통해서 인간은 악의 존재와 그 기원에 관한 문제에 대해 씨름해왔다. 물론 간단하게 대답할 수 없으나 하나님은 우리에게 그 자신과 인간의 성품에 관한 놀라운 사실을 그의 말씀을 통해 보여 주셨다.

우리는 고통, 사별, 천재지변 등이 많은 개인적 고뇌와 심오한 질문을 야기한다는 것을 이해해야 한다. 질문하는 사람은 마음속에 여러 가지 생각들을 가질 수 있다.

나. 질문

1) 나에게 이런 일이 일어나도록 허락하시는 하나님은 _____ 한가?
2) 세계 도처에서 이런 일들이 자유롭게 일어난다면 도대체 하나님은 _____ 하는가?
3) 하나님이 _____ 을 허락하신다면 다른 일들에 대해서도 내가 그를 신뢰할 수 있을까?
4) 하나님이 사랑이라면, 왜 그는 세상 문제에 관하여 어떤 일도 행하지 않는가?

이런 종류의 의혹/질문은 하나님의 _____와 _____ 그리고 때때로 _____에 대한 공격이다.

다음에는 위의 질문에 대한 요약 제시가 되어 있다. 각 9가지 요점에는 참고 성구와 설명이 붙어 있다. 이것을 잘 숙지하고 연구하는 것이 중요하다.

👍2 사랑의 하나님이 어떻게 악과 고통을 허락하실 수 있는가? (요약 제시)

가. 악은 원래부터 존재하지 않았다. 즉, 하나님은 모든 것을 _____하셨다.

1) 창 1:31

창 1:31 하나님이 지으신 그 모든 것을 보시니 보시기에 심히 좋았더라 저녁이 되고 아침이 되니 이는 여섯째 날이니라

2) 노트 : 하나님은 악을 소유한 인간이나 세상을 만들지 않았다. 하나님은 그가 만든 피조물들과 끊어지지 않는 즐거운 교제의 삶을 살도록 계획하셨다.

나. 악은 선하게 창조된 세계 이후에 왔다.

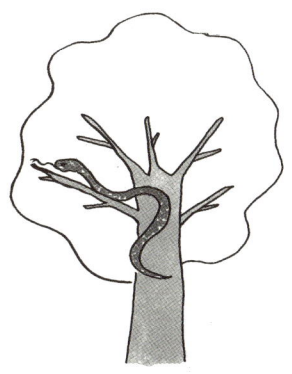

1) 창 3:1

창 3:1 그런데 뱀은 여호와 하나님이 지으신 들짐승 중에 가장 간교하니라 뱀이 여자에게 물어 이르되 하나님이 참으로 너희에게 동산 모든 나무의 열매를 먹지 말라 하시더냐

2) 노트 : 이 말씀에 따르면 사단은 창세기 3장에 갑자기 불쑥 나타난다. 분명 창 1:31과 3:1 사이에 무슨 일이 일어난 것만은 분명한데 성경은 여기에 대한 자세한 설명은 주지 않는다.

벧후 2:4 하나님이 범죄한 천사들을 용서하지 아니하시고 지옥에 던져 어두운 구덩이에 두어 심판 때까지 지키게 하셨으며

유 1:6 또 자기 지위를 지키지 아니하고 자기 처소를 떠난 천사들을 큰 날의 심판까지 영원한 결박으로 흑암에 가두셨으며

위의 두 구절은 그들이 하나님 앞에서 쫓겨났고 그들의 행동은 궁극적으로 제한을 받게 될 것임을 시사한다. 또한, 천사 중 일부가 타락하여 하나님을 대적하고 하나님 말씀에 반기를 들었음을 증거한다(창 3:4 "뱀이 여자에게 이르되 너희가 결코 죽지 아니하리라").

사탄은 하나님의 피조물들을 유혹하고 파괴하고 비참함과 고통을 야기하는데 큰 기쁨을 찾고 있음을 인식할 필요가 있다

슥 3:1 대제사장 여호수아는 여호와의 천사 앞에 섰고 사탄은 그의 오른쪽에 서서 그(대제사장 여호수아)를 대적하는 것을 여호와께서 내게 보이시니라

사단은 성경에 다양한 이름으로 불렸다. '마귀'(마 4:1; 13:39; 25:41 등), '뱀'(창 3:1, 14, 고후 11:3, 계 12:9; 20:2), '바알세불'(마 10:25; 12:24, 27, 눅 11:15), '이 세상 임금'(요 12:31; 14:30, 16:11), '공중권세 잡은 자'(엡 2:2), '악한 자'(마 13:19, 요일 2:13) 등. 예수님께서는 베드로에게 "사탄아 내 뒤로 물러 가라 너는 나를 넘어지게 하는 자로다 네가 하나님의 일을 생각하지 아니하고 도리어 사람의 일을 생각하는도다"라고 말씀하셨다(마 16:23). 예수님이 십자가의 고난을 막으려는 베드로의 시도는 사단에게서 온 것임을 지적한 것이다.

이 세상의 죄와 고통의 뒤에는 사탄의 역할이 일조한다는 것을 알 수 있다. 그들은 시험, 죄책, 고발, 질투, 교만, 중상, 의심, 회의 등 모든 수단을 사용하여 그리스도인의 삶을 교란시킨다. 하나님께로 나아오는 데 방해되는 모든 요소에 우리를 속박하고 통제하는 역할도 한다(우리를 종으로 부린다 : 갈 4:8 "그러나 너희가 그 때에는 하나님을 알지 못하여 본질상 하나님이 아닌 자들에게 종 노릇 하였더니").

그러나 모든 죄악이 다 사단에게서 온 것은 아니다.

다. 하나님은 사람을 온전하게 창조하신 동시에, 인간은 하나님께 복종하거나 복종하지 않거나, 하나님의 완전을 선택하거나 그것을 _____ 을 함께 갖고 있도록 했다.

1) 약 1:13-15

약 1:13-15 ¹³사람이 시험을 받을 때에 내가 하나님께 시험을 받는다 하지 말지니 하나님은 악에게 시험을 받지도 아니하시고 친히 아무도 시험하지 아니하시느니라 ¹⁴오직 각 사람이 시험을 받는 것은 자기 욕심에 끌려 미혹됨이니 ¹⁵욕심이 잉태한즉 죄를 낳고 죄가 장성한즉 사망을 낳느니라

이 말씀에 따르면 어디에서 죄가 오는가?

하나님은 우리에게 생각할 수 있고 우리 자신의 자유로운 선택에 의한 결정의 자유를 주심으로써 우리에게 사랑을 보여주셨다. 하나님의 계명을 지킬 책임과 함께 그것을 거부할 선택의 자유도 동시에 주셨다. 그것이 창 2:16-17에서 일어났다.

창 2:16-17 ¹⁶여호와 하나님이 그 사람에게 명하여 이르시되 동산 각종 나무의 열매는 네가 임의로 먹되 ¹⁷선악을 알게 하는 나무의 열매는 먹지 말라 네가 먹는 날에는 반드시 죽으리라 하시니라

2) 노트 : 만약 우리에게 선택의 자유가 없다면 우리는 단지 기계적 꼭두각시 정도밖에 되지 않았을 것이다. 그러면 우리는 로봇이지 지정의를 가진 인격적 존재인 인간이 아닐 것이다. 하나님은 선택의 자유를 실제로 만드셨기 때문에 죄와 악이 존재할 가능성이 있었던 것이다. 이것이 우리에게 악과 고통의 문제에 대한 실제적 요점을 제시해 준다. 그 책임은 선 혹은 악에 대한 인간의 의지적 선택에 달려있다.

라. 죄와 고통은 인간이 그의 창조를 배신하는 _____ 을 했을 때 세상에 들어왔다.

1) 창 3:5-11, 16, 19

창 3:5-11, 16, 19 ⁵너희가 그것을 먹는 날에는 너희 눈이 밝아져 하나님과 같이 되어 선악을 알 줄 하나님이 아심이니라 ⁶여자가 그 나무를 본즉 먹음직도 하고 보암직도 하고 지혜롭게

할 만큼 탐스럽기도 한 나무인지라 여자가 그 열매를 따먹고 자기와 함께 있는 남편에게도 주매 그도 먹은지라…

¹⁶또 여자에게 이르시되 내가 네게 임신하는 고통을 크게 더하리니 네가 수고하고 자식을 낳을 것이며 너는 남편을 원하고 남편은 너를 다스릴 것이니라 하시고

¹⁹네가 흙으로 돌아갈 때까지 얼굴에 땀을 흘려야 먹을 것을 먹으리니 네가 그것에서 취함을 입었음이라 너는 흙이니 흙으로 돌아갈 것이니라 하시니라

2) 노트 : 우리는 이 한 가지 불순종의 행위로 발생한 심각한 결과를 볼 수 있는데 그것이 세상에 악에 대한 지식을 낳게 해주었다. 인간의 의지적 선택으로 악이 세상에 들어왔다.

마. 인간이 타락한 순간부터 그것의 역효과는 하나님의 모든 창조물을 _____ 시켜 왔다.

1) 롬 5:12, 3:23

롬 5:12 그러므로 한 사람(아담)으로 말미암아 죄가 세상에 들어오고 죄로 말미암아 사망이 들어왔나니 이와 같이 모든 사람이 죄를 지었으므로 사망이 모든 사람에게 이르렀느니라

롬 3:23 모든 사람이 죄를 범하였으매 하나님의 영광에 이르지 못하더니

2) 노트 : 인간은 이 죄의 본성을 상속받았고 계속 하나님께 반역해 왔다. 아담의 타락과 그 죄 속에서 태어난 우리 모두의 타락은 우리의 자유의지를 악의 방향으로 사용하게 되었다. 이 '인간의 타락'이 세상에 악과 고통에 대한 근본적 이유이다. 그러므로 하나님이 아니라 인간이 책임을 져야 마땅한 것이다.

인간의 잘못은 오늘날의 삶에 있어 믿을 수 없을 만큼의 슬픔과 싸움의 근원이 되고 있다. 히틀러의 유태인 학살과 세계 곳곳에서 일어나는 전쟁과 테러와 납치, 참살, 인권침해 등의 문제는 인간이 선택한 것이지 하나님이 시키신 것은 분명 아니지 않은가?

막 7:20-23, "…사람에게서 나오는 그것이 사람을 더럽게 하느니라 속에서 곧 사람의 마음에서 나오는 것은 악한 생각 곧 음란과 도둑질과 살인과 간음과 탐욕과 악독과 속임과 음탕과 질투와 비방과 교만과 우매함이니 이 모든 악한 것이 다 속에서 나와서 사람을 더럽게 하느니라"

롬 1:28-32 ²⁸또한 그들이 마음에 하나님 두기를 싫어하매 하나님께서 그들을 그 상실한 마음대로 내버려 두사 합당하지 못한 일을 하게 하셨으니 ²⁹곧 모든 불의, 추악, 탐욕, 악의가 가득한 자요 시기, 살인, 분쟁, 사기, 악독이 가득한 자요 수군수군하는 자요 ³⁰비방하는 자요 하나님께서 미워하시는 자요 능욕하는 자요 교만한 자요 자랑하는 자요 악을 도모하는 자요 부모를 거역하는 자요 ³¹우매한 자요 배약하는 자요 무정한 자요 무자비한 자라 ³²그들이 이같은 일을 행하는 자는 사형에 해당한다고 하나님께서 정하심을 알고도 자기들만 행할 뿐 아니라 또한 그런 일을 행하는 자들을 옳다 하느니라

시 81:11-12 ¹¹내 백성이 내 소리를 듣지 아니하며 이스라엘이 나를 원하지 아니하였도다 ¹²그러므로 내가 그의 마음을 완악한 대로 버려 두어 그의 임의대로 행하게 하였도다

고후 11:3 뱀이 그 간계로 하와를 미혹한 것 같이 너희 마음이 그리스도를 향하는 진실함과 깨끗함에서 떠나 부패할까 두려워하노라

롬 7:24-25 ²⁴오호라 나는 곤고한 사람이로다 이 사망의 몸에서 누가 나를 건져내랴 ²⁵우리 주 예수 그리스도로 말미암아 하나님께 감사하리로다…

바. 하나님은 악에 대하여 어떤 일을 행하셨다. 그는 죄와 악과 고통을 멸하기 위해 그의 _____ 을 우리에게 주셨다.

하나님께서는 하늘 보좌를 떠나 인간이 되시고 기꺼이 죽으심으로 가장 극적이고 값비싸며 효과적인 일을 수행하셨다. 그 결과 모든 피조물은 다시 한 번 그분 안에서 완전하게 회복될 기회를 얻은 것이다.

1) 빌 2:8, 벧전 2:24

빌 2:8 사람의 모양으로 나타나사 자기를 낮추시고 죽기까지 복종하셨으니 곧 십자가에 죽으심이라

벧전 2:24 친히 나무에 달려 그 몸으로 우리 죄를 담당하셨으니 이는 우리로 죄에 대하여 죽고 의에 대하여 살게 하려 하심이라 그가 채찍에 맞음으로 너희는 나음을 얻었나니

2) 노트 : 죄와 악의 힘은 우리가 주 예수와 개인적 관계를 맺음으로써 깨어질 수 있다. 예수님만이 우리의 욕망을 바꾸어 놓음으로써 사람들의 생명을 변화시킬 수 있다. 예수님의 능력으로 악을 행하기를 원하는 대신 우리는 선을 행하기를 원할 것이다.
그리스도는 깨어지고 죄로 물든 영혼을 그의 사랑과 선함을 반영하는 사람들로 변화시키기 위해 고통을 짊어지신 것이다. 그분이야말로 우리의 고통을 가장 잘 이해하시는 분이시다. 왜냐하면 스스로 먼저 고통을 겪으셨기 때문이다.

사 53:3 그는 멸시를 받아 사람들에게 버림 받았으며 간고(sorrows)를 많이 겪었으며 질고(grief)를 아는 자라 마치 사람들이 그에게서 얼굴을 가리는 것 같이 멸시를 당하였고 우리도 그를 귀히 여기지 아니하였도다

히 4:15 우리에게 있는 대제사장은 우리의 연약함을 동정하지 못하실 이가 아니요 모든 일에 우리와 똑같이 시험을 받으신 이로되 죄는 없으시니라

사. 하나님은 악을 제한하고 그의 _____ 을 위해 그것을 사용할 수 있다.

하나님의 말씀에 따르면 하나님은 선하시다는 사실과 세상에 고통이 존재한다는 사실은 완전히 모순되는 것은 아니다. 하나님은 그 둘을 서로 연관지어 그것들을 건설적으로 만드실 수 있다. 그러므로 그리스도인은 고통에 관해 세상과는 다른 관점을 가져야 한다.

우리는 이 죄악된 세상에서도 하나님께서 그분의 사랑을 통해 우리를 완전케 하시고, 견고케 하시며, 강하게 하고, 우리를 세우시기 위해 끊임없이 노력하고 계시다는 것을 믿어야 한다.

1) 롬 8:28, 벧전 5:10

롬 8:28 우리가 알거니와 하나님을 사랑하는 자 곧 그의 뜻대로 부르심을 입은 자들에게는 모든 것이 합력하여 선을 이루느니라

벧전 5:10 모든 은혜의 하나님 곧 그리스도 안에서 너희를 부르사 자기의 영원한 영광에 들어가게 하신 이가 잠깐 고난을 당한 너희를 친히 온전하게 하시며 굳건하게 하시며 강하게 하시며 터를 견고하게 하시리라

2) 노트

> **예화**
>
> 어느 캠프파이어 모임에서 주위에 둘러앉은 학생들은 그들에게 있어서 그리스도의 의미에 대해 얼마나 감사하고 있는가에 대해 나누었다. 주위에 소나무가 빽빽이 서 있는 캠프장에 그들이 앉아 있을 때 그들은 한 시각장애인 소녀가 그 모임에 참석해서 그들의 이야기를 주의 깊게 듣고 있는 것을 깨달았다. 마침내 그 소녀는 "오늘밤 저는 여러분의 간증을 들으며 제 생전에 처음으로 보게 될 분이 예수님이기 때문에 제가 시각장애인으로 태어난 것을 감사하는 마음을 제 생애 처음으로 가지게 되었습니다."라고 말했다

아. 악은 새 하늘과 새 땅이 이루어질 때 _____ 다스리지 못할 것이다.

1) 계 21:1-4

계 21:1-4 ¹또 내가 새 하늘과 새 땅을 보니 처음 하늘과 처음 땅이 없어졌고 바다도 다시 있지 않더라 ²또 내가 보매 거룩한 성 새 예루살렘이 하나님께로부터 하늘에서 내려오니 그 준비한 것이 신부가 남편을 위하여 단장한 것 같더라 ³내가 들으니 보좌에서 큰 음성이 나서 이르되 보라 하나님의 장막이 사람들과 함께 있으매 하나님이 그들과 함께 계시리니 그들은 하나님의 백성이 되고 하나님은 친히 그들과 함께 계셔서 ⁴모든 눈물을 그 눈에서 닦아 주시니 다시는 사망이 없고 애통하는 것이나 곡하는 것이나 아픈 것이 다시 있지 아니하리니 처음 것들이 다 지나갔음이러라

2) 노트 : 하나님은 그의 완전한 때가 이르면 모든 악과 고통을 근절시킬 것이다. 그는 모든 사람이 멸망치 않기를 원하시므로 사랑함으로 지금 심판하시는 것을 연기하시고 계신 것이다(벧전 3:9).

자. 믿음의 기도로 돌아가고 사람들이 _____를 영접하도록 고무하라.

"하나님은 당신이 그의 소명에 바로 지금 귀 기울이기를 열망하고 계십니다. 하나님은 바로 지금 당신에게 인격적인 초대를 하고 계십니다."

👍13 사랑의 하나님이 어떻게 사람들을 지옥으로 보낼 수 있는가?

가. 겔 33:11

겔 33:11 너는 그들에게 말하라 주 여호와의 말씀이니라 나의 삶을 두고 맹세하노니 나는 악인이 죽는 것을 기뻐하지 아니하고 악인이 그의 길에서 돌이켜 떠나 사는 것을 기뻐하노라 이스라엘 족속아 돌이키고 돌이키라 너희 악한 길에서 떠나라 어찌 죽고자 하느냐 하셨다 하라

나. 노트 : 하나님은 우리가 용서함을 받고 구속함을 받으며 정결해지고 하나님 앞에 서기에 합당하도록 하는데 필요한 모든 것을 행하셨다. 우리가 해야 할 일은 단순히 예수 그리스도를 통해 영생이라는 선물을 받아들이는 것이다. 그것을 거절하면 하나님은 우리를 영원한 고통 중에 거하도록 하실 수밖에 없다. 영생을 거절하면 그다음에 남는 것은 영벌밖에는 선택의 여지가 없기 때문이다.

다. 우리의 도전 : 어떠한 일이 일어날지라도, 우리는 하나님이 의로우신 분이시며, 사랑이시라는 것을 믿을 수 있다. 그래서 욥처럼 "Though He slay me, yet will I hope in Him" (욥 13:15)라고 말할 수 있을 것이다.

 **4 실천사항**

다음 성구들을 묵상하며 고난으로부터 오는 긍정적인 결과들을 찾아보라.

가. 창 50:20
나. 고후 7:10
다. 요 9:23
라. 벧전 4:16
마. 빌 3:10
바. 시 119:71
사. 고후 4:17
아. 고후 1:8-9

자. 고후 12:8-10
차. 약 1:2-4
카. 히 12:5-7
타. 벧전 4:12
파. 벧전 4:13-14
하. 벧전 4:19

그리스도의 신성 - 1부
-그리스도가 하나님임을 믿지 못하는 사람을 위하여-
(제시를 위한 요약)

- 개 관 목 적 -
이 과의 목적은 당신으로 하여금 그리스도의 신성을
소개하는 방법을 가르치는 데 있다.

학 습 목 표

이 강의가 끝날 때 당신은,
1. 그리스도의 신성에 대한 성경적 증거를 이해할 수 있다.
2. 증거해야 하는 상황에서 증거를 제시할 수 있다.
3. 구원 결정에 관한 논점으로 대화를 돌릴 수 있다.

 **서론**

가. 누군가에게 예수 그리스도를 소개하는 일은 하나님의 자녀가 경험할 수 있는 가장 커다란 특권이다.

나. 예수님은 자신이 하나님이라고 주장하셨다. 많은 사람들이 그리스도의 신성이라는 부분에 대해 오해하고 있다.

그리스도의 신성을 증명하는데 사용하는 다양한 자료들로부터 발췌한 이 요약은 예수님이 왜 참 하나님이신지 그 이유를 제시하는데 효과적으로 사용되어 왔으며 의심 많은 불신자들이 그리스도를 영접하는 결단을 하도록 도움을 주어왔다.

다. 주의 : 이 요약은 _____ 되어야 하며 복음을 들은 사람들이 예수 그리스도가 하나님이신 것을 확신하기 위해 더 많은 지식을 알고자 하는 의도가 분명할 때 사용해야 한다.

 2 그리스도의 신성에 관한 증거 (제시를 위한 요약)

가. 서론

1) 오늘날 많은 사람들이 예수 그리스도에 대해 모호한 견해를 가지고 있다. 흔히 사람들은 기존의 사실들을 주의 깊게 조사해보지 않은 채 다른 사람들의 이 같은 불확실한 견해를 받아들인다.

2) 우리의 개인적인 견해를 타당한 것으로 생각하기 전에 시간을 들여 예수님에 관한 증거들을 살펴본 사람들은 예수님이 역사에서 가장 위대한 지도자이며 선생님이란 사실에 동의한다. 우리는 예수님께서 자신에 대해 스스로 말씀하신 내용들을 주의 깊게 살펴보아야 한다.

나. 예수님은 하나님만이 하실 수 있는 _____ 을 하셨다.

1) 그리스도는 자신이 _____ 인 것임을 주장하셨다.
   (1) 요 10:30-33

요 10:30-33 ³⁰나와 아버지는 하나이니라 하신대 ³¹유대인들이 다시 돌을 들어 치려 하거늘 ³²예수께서 대답하시되 내가 아버지로 말미암아 여러 가지 선한 일로 너희에게 보였거늘 그 중에 어떤 일로 나를 돌로 치려 하느냐 ³³유대인들이 대답하되 선한 일로 말미암아 우리가 너를 돌로 치려는 것이 아니라 신성모독으로 인함이니 네가 사람이 되어 자칭 하나님이라 함이로라

(2) 많은 사람들이 예수님이 실제로 그 자신이 하나님이라고 주장하셨다고는 생각하지 않는다. 그러나 위의 구절을 보면 유대인들은 예수님이 스스로 하나님이라고 주장하신 것을 완전히 이해했다.

2) 예수님은 죄를 _____ 하실 수 있다고 주장했다.

   (1) 막 2:5-12

막 2:5-12 ⁵예수께서 그들의 믿음을 보시고 중풍병자에게 이르시되 작은 자야 네 죄 사함을 받았느니라 하시니 ⁶어떤 서기관들이 거기 앉아서 마음에 생각하기를 ⁷이 사람이 어찌 이렇게 말하는가 신성 모독이로다 오직 하나님 한 분 외에는 누가 능히 죄를 사하겠느냐…
¹⁰그러나 인자가 땅에서 죄를 사하는 권세가 있는 줄을 너희로 알게 하려 하노라 하시고 중풍병자에게 말씀하시되 ¹¹내가 네게 이르노니 일어나 네 상을 가지고 집으로 가라 하시니 ¹²그가 일어나 곧 상을 가지고 모든 사람 앞에서 나가거늘…

3) 예수님은 자신이 인간의 마지막 운명, 즉 천국 혹은 지옥을 결정하실 최후의 _____ 라고 주장하셨다.

   (1) 마 7:22-23

마 7:22-23 ²²그 날에 많은 사람이 나더러 이르되 주여 주여 우리가 주의 이름으로 선지자 노릇 하며 주의 이름으로 귀신을 쫓아 내며 주의 이름으로 많은 권능을 행하지 아니하였나이까 하리니 ²³그 때에 내가 그들에게 밝히 말하되 내가 너희를 도무지 알지 못하니 불법을 행하는 자들아 내게서 떠나가라 하리라

   (2) 주의 : 심판의 날에 예수 그리스도께서 이 불신자들에게 불신의 책임을 계산하실 것이라는 사실을 주목하라. "많은 사람이 나(예수그리스도)더러 이르되" 어떤 이들은 이 사실에 동의하지 않을지도 모르지만 예수님은 분명히 말씀하셨다.
   오직 하나님만이 인간의 마지막 운명을 결정하실 수 있다. 따라서 예수님이 자신이 그러한 권세가 있다고 말씀하신 것은 자신이 하나님이라고 주장하신 것이다.

   이것이 어떤 사람들을 화나게 할지도 모른다. 그런 말이 어디 있냐고 반박할지도 모른다. 그러나 우리는 그리스도의 대사임을 기억해야 하며 따라서 사람들이 반드시 직면하게 될 그 문제에 대해 그들의 동의 여부와 관계없이 분명히 말해주어야 한다.

4) 예수님은 자신의 _____ 을 예언하셨고 그 예언을 이루셨다.

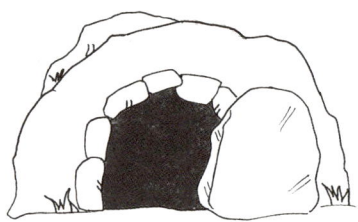

(1) 예수님의 죽음과 부활은 예언된 것이다.

요 2:19-21 ¹⁹예수께서 대답하여 이르시되 너희가 이 성전을 헐라 내가 사흘 동안에 일으키리라 ²⁰유대인들이 이르되 이 성전은 사십육 년 동안에 지었거늘 네가 삼 일 동안에 일으키겠느냐 하더라 ²¹그러나 예수는 성전된 자기 육체를 가리켜 말씀하신 것이라

(2) 그의 부활은 이루어졌다.

눅 24:1-6 ¹안식 후 첫날 새벽에 이 여자들이 그 준비한 향품을 가지고 무덤에 가서 ²돌이 무덤에서 굴려 옮겨진 것을 보고 ³들어가니 주 예수의 시체가 보이지 아니하더라… ⁵…두 사람이 이르되 어찌하여 살아 있는 자를 죽은 자 가운데서 찾느냐 ⁶여기 계시지 않고 살아나셨느니라…
눅 24:36-39 ³⁶이 말을 할 때에 예수께서 친히 그들 가운데 서서… ³⁸예수께서 이르시되 어찌하여 두려워하며 어찌하여 마음에 의심이 일어나느냐 ³⁹내 손과 발을 보고 나인 줄 알라 또 나를 만져 보라 영은 살과 뼈가 없으되 너희 보는 바와 같이 나는 있느니라
눅 24:44-45 ⁴⁴또 이르시되 내가 너희와 함께 있을 때에 너희에게 말한 바 곧 모세의 율법과 선지자의 글과 시편에 나를 가리켜 기록된 모든 것이 이루어져야 하리라 한 말이 이것이라 하시고 ⁴⁵이에 그들의 마음을 열어 성경을 깨닫게 하시고

다. 예수님은 자신이 하나님이라고 주장하셨다. 그의 주장은 사실이거나 거짓이다.

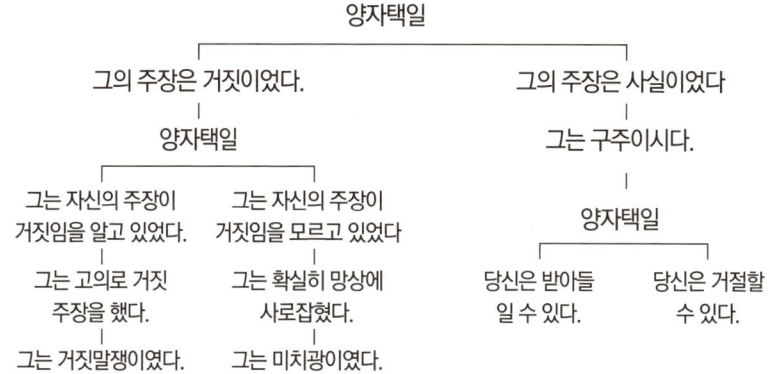

 시범

순장은 순원 중에 한 명을 시범 짝으로 선택하라. 4영리를 사용하여 그리스도를 전한다고 가정하고 두 그림까지 나누라.

짝 : "저는 그리스도가 하나님이신 것을 정말로 믿을 수 없습니다."

순장 : "솔직히 말해 주셔서 감사합니다. 제가 왜 예수 그리스도는 하나님이시라고 믿고 있는지 그 이유를 간단히 설명해 드린 후 제가 말한 것에 대해 솔직히 평가해 주실 수 있습니까?"

짝 : "예, 해보세요."

순장이 2번의 '제시를 위한 요약'에 있는 내용을 사용하여 시범을 보인다.

 **4 전도할 때 사용하는 성경 말씀들을 기록하라.**

 **5 둘씩 짝지어 연습하라.**

가. 둘씩 짝을 짓고 '제시를 위한 요약'을 이야기하는 연습을 하라.

나. 순원들은 그들 성경책 뒤에 기록한 것 또는 스마트폰에 기록한 것을 사용해도 좋다.

다. 짝 중 한 사람이 "예수님이 정말 하나님이시라는 것을 어떻게 하면 내가 확신할 수 있습니까?"라고 다른 사람에게 질문함으로써 연습을 시작하라. 그 후 그들에게 4영리에서 계 3:20, 즉 그리스도를 결정하는 상황으로 만들도록 지시하라.

 과제

가. 부록1의 '제시를 위한 요약'에서 관련된 모든 성경 말씀을 암송하라.

나. 그리스도의 신성을 좀 더 자세히 다루고 있는 그리스도의 신성 2부를 읽으라.
   (제8과)

제시를 위한 요약

그리스도의 신성에 대한 논지

1. 서론

가. 성경은 예수님의 삶에 대해 말해 주는 가장 좋은 자료이다. 우리는 성경에서 예수님이 그 자신에 대해 무엇이라고 말씀하시는지 발견해 내야 한다.

나. 예수님은 하나님만이 하실 수 있는 주장을 하셨다.

1) 예수님은 자신이 하나님이라고 주장하셨다.
   (1) 요 10:30-33
   (2) 위의 구절을 보면 유대인들은 예수님이 자신을 하나님이라고 주장하신 것을 완전히 이해했던 것이 분명하다.

2) 예수님은 죄를 용서하실 수 있다고 주장하셨다.
   (1) 막 2:5-12
   (2) 위의 구절을 보면 예수님은 하나님만이 용서하실 수 있는 죄를 자신이 용서할 수 있다고 주장하셨다. 따라서 사람들은 예수님이 자신이 하나님이라고 주장하시는 것을 알았다.

3) 예수님은 자신이 인간의 마지막 운명, 즉 천국 혹은 지옥을 결정하실 최후의 심판자라고 주장하셨다.
   (1) 마 7:22-23
   (2) 오직 하나님만이 인간의 마지막 운명을 결정하실 수 있다. 따라서 예수님 자신이 그러한 권세를 가지고 있다고 주장하신 것은 자신이 하나님이라고 주장하신 것이다.

4) 예수님은 자신의 죽음과 부활을 예언하시고 이루셨다.
   (1) 요 2:19-21
   (2) 눅 24:1-6
   (3) 눅 24:36-45

다. 예수님은 자신이 하나님이라고 주장하셨다. 그의 주장은 사실이거나 거짓이다.

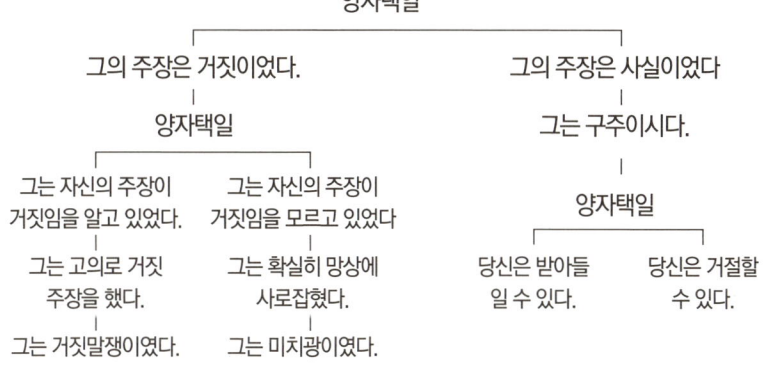

그리스도의 신성 - 2부

 서론

그리스도의 신성에 관한 다음 성경 구절 및 내용들은 순원의 개인적인 이해와 배경을 돕기 위해 제시된 것이다. 이 자료는 그리스도의 신성에 관해 상담할 때 전부 제시되어야 하는 것은 아니다.

2 그리스도에 대한 성경적, 역사적 증거
(일곱 항목 중 여섯 항목이 성취됨)

가. _____ (예수님은 육신으로 태어나시기 전에도 사셨고, 죽으신 후에도 다시 사셨다)

1) 요 1:1-2, 14-15
2) 요 8:56-58

나. _____

1) 사 7:14(예언)
2) 마 1:18-25(성취)

다. _____

1) 요 8:46(상)
2) 고후 5:21
3) 히 9:14, 28
4) 히 7:26
5) 벧전 1:18-19
6) 벧전 2:22-23
7) 다른 사람들의 증거
   (1) 빌라도 - 요 18:38; 19:4, 6
   (2) 십자가상의 강도 - 눅 23:41
   (3) 백부장 - 눅 23:47
   (4) 유다 - 마 27:3-4

라. 대속의 죽음

1) 마 16:21(그리스도가 예언)
2) 갈 1:4
3) 히 9:28; 10:10, 12
4) 벧전 2:24
5) 벧전 3:18

마. 부활

1) 요 2:19-22(예언)
2) 눅 24:1-6, 36-45
3) 행 3:15(베드로의 두 번째 설교에서 증거)
4) 고전 15:3-8
5) 벧전 1:3

바. 승천

1) 눅 24:51
2) 행 1:9-10

사. 재림(환희 : 두 번째 오심)

1) 마 16:27; 25:31
2) 행 1:11
3) 살전 2:19; 3:1; 4:13-18; 5:23
4) 딛 2:13

5) 히 9:28
6) 계 22:20

 그리스도의 주장

가. 예수님은 자신의 신성을 주장하셨다(예수님은 하나님에 의해 보냄을 받았고 위로부터 왔다고 주장하셨다).

   1) 요 5:30, 36
   2) 요 6:38-41, 44
   3) 요 8:23, 42

나. 예수님은 하나님이라고 주장하셨다.

   1) 요 10:30-33
   2) 요 5:18
   3) 요 14:19
   4) 요 19:7(유대인들은 예수님의 주장을 이해했다. 그러나 그것을 믿지 않았다.)

다. 예수님은 그리스도 곧 약속의 메시아라고 주장하셨다.

   1) 요 4:25-26, 42
   2) 마 26:62-65(대제사장은 예수님의 주장을 이해했다.)

라. 예수님은 하나님의 아들이라고 주장하셨다.

   1) 마 26:63-64
   2) 마 16:15-16(베드로의 고백)

마. 예수님은 죄를 용서하실 수 있다고 주장하셨다.

   1) 마 9:2
   2) 막 2:5-11
   3) 눅 7:47-48
   4) 요 8:11

바. 예수님은 자신이 죄 용서의 유일한 길이라고 주장하셨다.

   1) 요 8:24

사. 예수님은 인간의 마지막 운명을 결정하실 최후의 심판자라고 주장하셨다.

   1) 마 7:21-23
   2) 행 10:42
   3) 딤후 4:1

아. 예수님은 마지막 날에 죽은 자들을 일으키실 능력이 있으시다고 주장하셨다.

1) 요 6:40
2) 요 11:25-26

자. 예수님은 자신이 죽음을 이기고 부활하실 것을 예언하셨다.

1) 요 2:19-21
2) 요 20장
3) 눅 24장

차. 예수님은 인간의 경배(예수님이 하나님이신 것을 추측하게 하는 경배)를 많은 사람들이 보는 앞에서 받으셨다.

1) 마 14:33

 **4** 다른 사람들의 증거

가. 다른 사람들도 예수님이 하나님이라고 주장했다.

1) 요 20:28 도마
2) 행 7:49-50 스데반(주 : 여기에서는 주 하나님을 의미한다.)
3) 행 9:5-6 사울(주 : 여기에서는 주 하나님을 의미한다.)
4) 딤전 3:16 디모데

5) 마 16:15-16 베드로
6) 마 27:54 백부장, 로마 군인
7) 눅 23:42 십자가상의 강도

 5 예수 그리스도의 권세(권위)

가. 마 7:29; 8:2-3, 13, 15; 8:26; 11:15(권세 있게 말씀하심, 병을 고치심, 폭풍을 잔잔하게 하심)

나. 막 1:22; 2:10; 4:41; 11:28(권위 있게 가르치심, 죄를 용서하심, 자연을 다스리심)

다. 눅 4:32, 36; 5:24; 7:22; 8:25(예수님의 말씀은 능력이 있었으며, 죄를 용서하셨음, 병을 고치시고 기적을 행하심)

라. 권세를 나타내신 예

1) 요 2:7-11(물로 포도주를 만드심) 물질에 관한 권세
2) 요 2:25(사람의 중심을 아심)
   요 4:16-19, 28-29(우리의 과거를 아심)
   요 4:49-53(신하의 아들을 고치심) 공간에 대한 권세
3) 요 5:5-9(38년 된 병자를 고치심) 시간에 대한 권세

4) 요 6:5-14(오천명을 먹이심) 양에 관한 권세
5) 요 6:19(물위를 걸으심) 자연법칙에 대한 권세
6) 요 7:15-16, 46(지혜와 지성)
   요 9:6-11(소경을 고치심) 불행에 관한 권세
7) 요 11:39-44(나사로의 부활) 육체적인 죽음에 관한 권세
8) 요 20장(예수님 자신의 부활) 신성에 관한 마지막 증거

6 그 밖의 성경 외의 자료

가. 기독교 자료에서 발췌한 참조문 인용

1) 예수님은 역사적 인물이시다. 우리는 믿을 만한 많은 자료를 통해 이것을 알 수 있다.

   (1) 초기에는 낱권으로 따로따로 전승되어 오다가 후에 현재와 같은 정경으로 묶인 신약 성경 27권 자료들
   (2) 폴리캅(Polycarp), 유세비우스(Eusebius), 이레네우스(Irenaeus), 이그나티우스(Ignatius), 저스틴(Justin) 등 교부들(Church Fathers)의 저작들. 이들 중의 어떤 사람들은 예수님의 제자들과 개인적으로 접촉점을 갖고 있었다. 그리고 그들 모두는 예수님을 알고 또 그를 따르겠다고 주장했다.

2) C.S. 루이스(Lewis) : 영문학자, 저자, 옥스퍼드 대학에서 중세 및 르네상스 시대 문학을 가르치는 교수. 흔히 '회의론 및 주지론의 사도'라고 불렸다(1963년의 그의 죽음은 같은 날 암살된 존 F. 케네디에 가려졌다).

다음은 그의 저서 『기독교에 대한 한 사례』 (A Case For Christianity)에서 발췌한 것이다.

또 하나님은 무슨 일을 하셨는가? 우선, 하나님은 우리에게 양심, 곧 옳고 그른 것에 대한 감각을 주셨다. 그리고 역사를 통틀어 볼 때 사람들은 양심에 순응하려고 노력해 왔다. 어떤 사람도 성공한 사람은 없었다. 그러나 하나님이 어떤 특별한 사람들을 택하셔서 수 세기 동안 하나님 자신이 어떤 분이신지에 대해, 즉 자신은 유일한 한 분이시며 올바른 행위에 대해 관여하시는 분이시라는 것을 그 사람들의 머릿속에 심어 주셨다. 이 사람들이 유대인들이었고 구약은 그 과정을 설명해 주고 있다.

그 후 정말로 충격적인 사건이 일어났다. 이 유대인들 가운데 갑작스럽게 자신이 하나님인 것처럼 말하는 한 사람이 나타났다. 그는 죄를 용서할 수 있다고 주장했다. 그는 항상 존재해 왔었노라고 말했다. 그는 마지막 때에 세상을 심판하러 오실 것이라고 말했다. 이제 이것을 분명히 해 보자. 즉 인도인들 같은 범신론자들 가운데 어떤 사람은 그가 하나님의 한 부분, 혹은 하나님과 함께 계신 분으로 말할 지도 모른다. 그렇게 생각하는 것이 그리 이상한 일은 아닐지도 모른다. 그러나 이 사람은 유대인이었기 때문에 인도인들이 생각하는 것과 같은 그런 신이라고는 여겨질 수 없었다. 유대인들의 언어에서 하나님이란 그분이 만드신 세상 밖에 존재하시며 다른 어떤 것들과도 무한히 다른 존재를 의미하는 것이기 때문이다.

그가 주장한 것 중에 한 부분이 우리를 실족하게 한다. 여기서 내가 말하는 것은 그가 죄를 그것이 어떤 죄이든지 간에 용서할 수 있다고 한 주장을 의미한다. 그렇게 말 한 사람이 하나님이 아니라면 이것은 정말 코미디만큼이나 터무니없는 것이 된다. 우리 모두는 사람이 원수를 어떻게 용서하는지 이해하고 있다. 그러나 자신이 다른 사람의 것을 훔치거나 남의 발을 밟지 않았음에도 다른 사람이 훔치거나 밟은 것을 당신에게 대신 용서해 달라고 하는 사람이 있다면 그 사람은 어떤 사람이 될까? 그런데 예수님은 바로 이런 일을 하신 분이다. 예수님은 사람들에게 그들의 죄가 용서되었으며 자신들의 죄로 인해 분명히 상처를 입힌 사람들로부터 그 모든 것을 용서받기 위해 결코 기다리지 않아도 된다고 말씀하신 것이다.

이 말은 그가 정말로 하나님, 모든 사람의 죄로 인하여 그의 법이 어겨지고 그의 사랑이 상처받은 하나님일 경우에만 의미가 있다. 하나님이 아닌 사람이 이렇게 말했다면 이 말은 역사에서 그 유래를 찾아볼 수 없는 어리석은 자기기만의 소리가 될 것이다.

3) 시릴 E.M. 죠오드 박사(Dr. Cyrill E. M. Joad) : 저명한 심리학자 중의 한 사람, 런던 대학의 심리학 과장

죠오드 박사와 그의 동료들, 줄리안 헥슬리, 버트란트 러셀, H.G. 웰즈는 과거 그 어떤 세대의 유사한 그룹들이 행했던 일보다 대학가의 믿음을 뒤흔들기 위해 어떤 다른 그룹들보다 더 많은 일을 했다. 박사는 버나드 쇼의 『생명력 철학』으로 알려진 "하나님은 우주의 한 부분이시고 우주는 파괴될 것이므로 하나님의 존재도 파괴될 것이다. 그러므로 하나님은 인간이 상상해 낸 것에 불과하다."라는 주장에 동의하였다. 죠오드 박사는 인간은 근본적으로 선하며 완벽한 사회를 이룰 날이 있게 될 것이라고 믿었다.

1984년 로스앤젤레스 신문의 잡지 비평란에 한 기사가 세상을 떠들썩하게 했는데 그 기사는 죠오드 박사가 이전 견해와는 완전히 반대인 학술 세계를 시작했다는 것이다. 그는 "두 번의 세계 대전과 많은 다른 전쟁들을 통하여 인간의 죄악성을 절감하게 되었고 따라서 예수 그리스도의 보혈만이 인간의 죄를 대속할 수 있다는 결론에 도달하게 되었습니다."라고 말했다. 이것은 기독교의 신앙 토대를 파괴하기 위해 자신의 생애 대부분을 보내고 후에는 전심으로 그 믿음을 수용한 한 사람의 말이다.

4) 류 웰러스(Lew Wallace. 1972-1905) : 유명한 미국의 장군, 천부적인 문학가. 예수님의 시대를 다룬 유명한 저서 『벤허』를 썼다.

웰러스는 그의 절친한 친구인 인거솔과 함께 기독교라는 신화를 영원히 없애버릴 책을 써야겠다고 다짐했다. 그들은 사람들을 종교적으로 그럴듯하게 속박하여 예수를 경배하도록 만드는 일에 분개하고 있었다. 웰러스는 2년 동안 구미 도서관에서 기독교를 파멸시킬 책을 쓸 수 있는 자료들을 수집하여 연구했다. 그러나 그는 책의 제2장을 쓰다가 무릎을 꿇고 예수님께 "나의 주 나의 하나님"이라고 부르고 있는 자신을 발견했다. 그리스도의 신성에 관한 압도적인 증거들이 결정적인 요소가 되었다. 그는 더 이상 그리스도가 하나님의 아들인 것을 부인할 수 없었다. 그가 사기꾼으로 폭로하려고 마음먹었던 한 사람이 바로 그를 사로잡았던 것이다.

5) 나폴레옹(Napoleon. 1769-1821) : 프랑스 황제

세인트헬레나에 유배된 황제는 어느 날 유배지까지 동행한 그의 충신 버트란드 장군과 함께 그리스도에 대해 이야기하고 있었는데 버트란드 장군은 본래 예수 그리스도의 신성을 믿지 않는 사람이었다. 나폴레옹이 말했다. "나는 인간에 대해 잘 알고 있지. 그리고 그리스도는 인간이 아니라는 것을 자네에게 말하고 있는 것이네. 추상적인 사람들은 제국의 창건자들이나 다른 종교의 신들과 그리스도 사이의 유사점을 찾고자 애쓰고 있지. 그러나 그런 유사점은 존재하지 않아…. 그리스도의 모든 것이 나를 놀라게 한다네. 그의 영은 나를 위압하고 그의 의지는 나를 어리둥절하게 만든다네. 그는 세상 어떠한 사람과도 비교할 수 없어. 그는 진실로 홀로 존재하시며 그의 생각과 감성과 그가 말씀하시는 진리와, 확신시켜 주는 그의 태도는 인간의 기관이나 사물의 본성으로도 설명할 수 없지. 내가 더욱 더 가까이 다가가서 더 신중하게 그분이 제시한 내용들을 검토해 볼수록 그것은 인간의 지성에서 비롯된 것이 아니라는 것을 확신하게 된다네. 그분 한 분 외에는 인간은 어느 곳에서도 그와 같은 삶을 모방하거나 흉내 낼 수 없지."

6) 제임스 러셀 로웰(James Russell Lowell. 1819-1891) : 미국시인, 수필가, 편집자, 외교관

무신론에 대해 날카롭게 지적한 그의 19C 작품을 살펴보면 다음과 같은 이야기가 있다. "이 행성에서 나무랄 데 없는 사람이 품위 있고, 안락하며, 안전하게 살면서 그의 아이들을 예의 바르고 오염되지 않도록 양육하고 가르치며 살 수 있는 장소를, 노인은 존경받고, 아이들은 존중되며, 여성들은 숭배되고, 인간의 삶은 적절한 존엄성을 유지하는 장소를 찾았다. 그리스도의 복음이 전파되지 않고, 그 길이 분명치 않으며 기초가 확립되지 않은 이 지구상에서 가능한 한 품위 있고 안전하게 만들어진 장소를 찾았다. 무신론 지식계급이 그곳으로 옮겨서 그들의 관점을 널리 전하고자 하는 장소를 찾았다. 그러나 이 지식계급의 사람들이 그들이 즐길 권리 대신 포기한 종교에서 독립적인 한 그들이 추구하는 그리스도인에게서 희망을 빼앗고 인류에게서 유일한 구세주(영생의 희망을 주셔서 삶을 인내케, 사회를 가능케 하시고, 죽음의 공포를 없애주시며, 무덤의 우울함을 제거해 주시는)를 믿는 믿음을 빼앗는 일 앞에서는 그들이 조금 주저하는 것은 당연한 일이다."

7) 케네스 스콧 라토렛 (Kenneth Scott Latourette) : 역사가, 『기독교 역사』의 저자. 예일 대학원의 종교학 과장

그는 예수님에 대해 이렇게 말했다. "예수님의 생애는 역사 속에서 사람들에게 가장 많은 영향력을 끼쳐왔다. 그의 삶이 가진 영향력은 시간이 지나면서 희미해지기는커녕 더 깊어져 왔다. 그를 통하여 수백만의 사람들이 변화되고 예수님이 모범을 보이신 삶을 살기 시작했다. 뒤에 일어난 일의 결과로 평가할 때 예수님의 탄생, 생애, 죽음, 그리고 부활은 인간의 역사상 가장 중요한 사건들이었다. 그가 끼친 영향을 생각한다면 예수님은 인간 역사의 중심에 서 계신 분이다. 이백년 동안 기술, 과학, 철학(다양한 관점에서 교육된)의 발전에도 불구하고 예수님과 비교할만한 삶을 산 사람은 없었다."

8) 윌리엄 에발트 글래드스톤(William Ewart Gladstone) : 영국의 정치가, 영국의 총리

"내가 쓰고, 생각하고, 희망하는 모든 것은 연약하여 흔들리는 우리 인류의 단 하나의 주요한 희망인 우리 주님의 신성에 근거한 것이다."

9) 월터 윌슨 박사(Dr. Walter Wilson)

40년간 의사로 일한 그는 "1천 5백만의 유대인들은 유월절을 기념한다. 그 많은 사람들이 그 유월절에 아무 일도 일어나지 않았다면 기념하지 않을 것이다."라고 결론지었다. 마찬가지로 1억의 기독교인들이 정기적으로 최후의 만찬을 기념하여 성찬식을 한다. 이 많은 사람들이 그것을 기념할 만한 이유가 없는 것을 단순히 기념하지 않을 것이다.

10) F. F. 브루스, 리랜즈(F.F. Bruce, Rylands) : 맨체스터 대학의 성서비평학, 성서해석학 교수들

"어떤 작가들은 기독교 신화의 환상만을 좇는다. 그러나 그들은 역사적 증거를 토대로 해서 그렇게 하지는 않는다. 그리스도가 갖는 역사성이 줄리어스 시저가 갖는 역사성만큼이나 확실하다는 것은 자명하다. 기독교 신화 이론을 퍼뜨리는 사람은 전혀 역사가가 아니다."

11) 오토 베츠(Otto Betz) : What do we know about Jesus! (SCM Press, 1968)

그는 "진지한 학자라면 어느 누구도 예수님의 비역사성을 가정하는 일을 감행하지 않을 것이다."라고 결론지었다.

나. 비종교적이고 비기독교 자료에서 발췌한 참조문 인용

다음의 내용은 대부분 조시 맥도웰의 책, Evidence that Demands a Verdict에서 인용한 것이다.

1) 코넬리우스 타키투스(Cornelius Tacitus. AD 52-54년 출생)

로마의 역사학자, AD 112년 아시아의 통치자, AD 80-84년에 로마를 지배했던 줄리어스 아그리콜라의 사위. 네로의 통치에 대한 글에서 그리스도의 죽음과 로마에 그리스도인들이 존재했음을 언급하고 있다.

"인간으로부터 올 수 있는 모든 구원, 왕자가 하사할 수 있는 모든 하사품, 신에 의해 제시될 수 있는 모든 속죄로 로마를 불태우라는 명령을 내렸던 것으로 여겨지는 불명예로부터 네로를 구원해줄만한 것은 아무것도 없었다. 따라서 소문을 잠재우기 위해 그는 거짓으로 그리스도인이라고 불리는 사람들에게 죄를 뒤집어씌우고 극심한 고문을 가했다. 그리스도인들은 그들의 죄로 인해 미움을 받고 있었다. 티베리우스 통치 때 유대의 총독이었던 본디오 빌라도에 의해 죽었던 창시자의 이름인 그리스도, 그러나 한동안 억눌려 있던 그 치명적인 미신이, 그 미신의 근원지인 유대뿐 아니라 로마 전역에서도 다시 나타났다." (Annais XV. 44)

타키루스는 그의 역사서에서 AD 70년경의 예루살렘 성전 화재를 다루면서 그리스도교에 대해 더 언급하고 있다(Chron. II. 30. 6).

2) 루시안(Lucian)

2세기의 풍자가는 그리스도와 그리스도교에 대해 깔보며 이야기했다. 그는 그들을 팔레스타인의 유대인 회당과 연관시켰고, 그리스도에 대해 다음과 같이 언급했다.

"세상에 이 새로운 문화를 소개했기 때문에 십자가 처형을 당한 사람, 더 나아가 그들의 입법자는 그들을 설득하기를 그들이 십자가에 매달린 그 선생을 경배하고 그의 법 아래에 살면서 모든 그리스 신을 부인하는 것으로 그들 모두가 한 형제자매가 된다고 했다." (The Passing Peregruis)

3) 프레비어스 요세푸스(Flavius Josephus. AD 37년)

19세의 나이에 바리새인이 된 유대 역사학자. AD 66년에 그는 갈릴리에 있는 유대군의 대장이 되었다. 잡힌 뒤에 그는 로마 사령부에 배속되었다. 그는 다음과 같이 말했다. "만일 그를 사람이라고 부르는 것이 적당하다면 – 왜냐하면 그는 기적을 행하고, 기쁘게 진리를 받아들이는 그런 사람들의 선생이었으므로 – 한때, 현명한 사람, 예수가 있었다. 그는 많은 유대인들과 많은 이방인들 모두를 그에게로 이끌었다. 그는 그리스도였다. 처음 그를 사랑했던 사람들은 그를 저버리지 않았다. 그 까닭은 위대한 선지자들이 예견했던 대로 그리고 그에 관련된 수만 가지 다른 예언들이 이루어진 것처럼 그는 3일 만에 살아있는 모습으로 나타났기 때문이다. 그리고 그리스도인이라고 불리는 이 무리들은 오늘날에도 사라지지 않고 있다." (Antiquities, XVIII. 33. Early second century)

노트 : 많은 학자들이 이 인용문은 수정된 것이고 원래는 요세푸스가 예수님을 '그리스도라 불리는 한 사람' 이라고 썼다고 생각한다. 그러나 그것은 예수의 역사성과 메시아라는 그의 주장을 실제화하고 있다.

4) 스토니우스(Seutonius. AD 120년)

또 다른 로마 역사학자 Hadrian 황제 아래에 있었던 법원관리, 왕궁의 분석가가 말하기를 "유대인들이 그리스도의 선동을 끊임없이 방해했던 것처럼 그는 로마로부터 그들을 쫓아냈다." (Life of Claudius 25.4)

그는 또 이렇게 적었다. "새롭고 끔찍한 이 신을 믿게 된 사람의 무리인 그리스도인에게 네로(Nero)에 의한 벌이 부과되었다." (Lives of the Caesars. 26.21)

5) 플리니우스 세쿤두스(Plinius Secundus, Pliny the Younger)

소아시아에 있는 비스니아의 통치자는 트라잔(Trajan) 황제에게 그리스도인들을 어떻게 처리해야 할지 조언을 구하는 편지를 썼다. 그는 남자와 여자, 아이들을 계속해서 처형했는데 처형할 사람이 너무 많아서 그리스도인이라고 밝혀지는 사람을 모두 처형해야 하는지 아니면 특정한 사람만을 죽여야 하는지 고민했다. 또한 그가 그리스도인들을 트라잔 황제상에 절하게 만들었다고 설명했다. "진실한 그리스도인이 감히 할 수 없는, 그리스도를 저주하도록 만들었다"라고 했다. 편지에서 그는 다음과 같은 일을 시도하고 있는 사람들에 대해 말했다. "그러나 그들의 죄는 그들이 정해진 날 저녁에 모이는 습관을 가지고 그때 그리스도 하나님께 찬송하는 노래를 부르는 것과 어떤 악한 행위도 하지 않고 거짓말하지 않으며, 그리스도를 멀리하라고 요구받을 때에도 믿음을 부정하지 않을 것이라는 엄숙한 서약을 한 것이다."

6) 탈루스(Thallus. 사마리아 역사학자)

그리스도를 언급한 최초의 이방인 작가 중 한 명은 탈루스이다. 그는 AD 52년에 그 이야기를 기록했는데 그 기록은 사라지고 다른 저자들이 그의 글을 인용한 것을 통해 그의 기록을 볼 수 있다. 약 AD 221년의 그리스도인 작가인 줄리어스 아푸리카누스(Julius Africanus)는 탈루스의 설명과 관련된 흥미로운 부분을 적고 있다.

탈루스는 그의 세 번째 역사책에서 이 어둠을 일식으로 설명하고 있는데, 나에게는 그것이 비합리적으로 여겨진다(비합리적, 물론 태양계의 일식이 보름달이 뜨는 때에는 일어나지 않으며, 그리스도가 죽을 당시는 파스칼 보름달이 뜨는 계절이었기 때문이다.).

따라서, 이 참조문으로부터 우리는 그리스도가 십자가에 달리신 동안 어둠이 땅에 드리워진 것이 잘 알려져 있었고 그것을 목격한 불신자들에게 사실적인 설명을 얻어내고 있음을 알 수 있다.

7) 마라 바 세라피온(Mara Bar - Serapion)의 편지

F. F. Bruce(The New Testament Documents : Are they Reliable? [Downers Grove : Inter-Varsity Press], 111)

"대영제국 박물관에는 AD 73년 이후에 쓰여 진(얼마나 후인지는 알 수 없다.) 편지 본문이 잘 보관되어 있는데, 매우 흥미로운 편지이다.
이 편지는 마라 바 세라피온이라는 시리아인이 그의 아들 세라피온(Serapion)에게 보낸 편지이다. 마라(Mara)는 그때 감옥에 있었고, 그는 그의 아들이 지혜를 추구하도록 독려하고, 지혜롭지만 박해받던 사람들이 불행히 붙잡힌 것을 지적해주기 위해 편지를 썼다. 소크라테스나 피타고라스, 그리고 그리스도의 죽음을 예로 들었다. 소크라테스를 죽음으로 몰아넣고 아테네인들이 얻은 이득은 무엇인가? 기근과 역병이 그들이 저지른 범죄의 대가였다. 피타고라스를 불태운 후 사모스가 얻은 것은 무엇인가? 얼마 후 그들의 땅은 모래로 뒤덮였다. 유대인들이 그들의 현명한 왕을 박해한 후 얻은 것이 무엇인가? 그들의 왕국은 파괴되었을 뿐이다. 하나님은 공정하게 이 현명한 세 사람의 복수를 하셨다. 아테네인들은 기근으로 죽었고, 사모스 섬 사람들은 바다에 의해 멸망당했다. 유대인들은 파괴되었고 그들의 땅에서 쫓겨났으며 완전히 흩어져 살게 되었다.

그러나 소크라테스는 영원히 죽지 않았고 헤라의 동상으로 살아있다. 현명한 왕도 영원 때문에 죽지 않았고 그는 그가 주었던 가르침 속에 살아있다.

8) 저스틴 마터(Justin Martyr)

약 AD 150년에 저스틴 마터는 안토니누스 피우스(Antoninus Pius) 황제에게 보내는 '기독교 변호'라는 그의 편지에서 황제의 문서 속에 보관됐다고 여긴 빌라도의 보고서에 대해 언급했다.

"내 손과 발을 관통하고 있는 그것들은 그의 손과 발을 십자가에 고정시킨 못을 묘사한 것이다. 그리고 그가 십자가에 매달린 후에 그를 십자가에 매단 사람들은 그의 옷을 부분으로 나누어 제비뽑아 각각을 그들 스스로 취했다. 그리고 이 일들이 일어난 것은 본디오 빌라도 시대에 기록된 사도행전을 통해 알 수 있다." 그는 또 나중에 말하기를 "당신은 본디오 빌라도의 사도행전으로부터 그가 이 기적들을 행한 것을 쉽게 납득할 수 있을 것이다."라고 했다.

엘진 모이어(Elgin Moyer)는 『교회사에서 누가 누구인가?』라는 저서에서 저스틴을 다음과 같이 묘사했다.

그는 철학자이며 순교자, 변증자이고 플라비아 네아폴리스(Flavia Neapolis)에서 태어났다. 교육을 잘 받았고 아마도 그는 그의 삶을 연구와 여행으로 보내기에 충분한 재산을 가지고 있었던 듯싶다. 열정적으로 진리를 추구하는 사람이었고, 그를 매료시킨 스토아 사상, 아리스토텔레스 사상, 피타고라스 사상, 플라톤 사상을 성공적으로 접하였기 때문에 그는 스스로가 신의 관점이라는 그의 철학의 목적지에 거의 도달했다고 생각했다. 하루는 해변을 따라 고독하게 걷고 있을 때 그 철학자는 행복한 표정과 온화한 위엄을 지닌 존경할 만한 나이 많은 그리스도인을 만났다. 이 초라한 그리스도인은 인간의 지혜에 관한 그의 자신감을 뒤흔들어 놓았고 그에게 히브리 예언서를 가르쳐 주었다. 모든 존경받을 만한 철학자보다 더 옛날에 살았던 사람들이 그리스도가 오실 것이라는 내용을 기록하고 가르쳤다. 이 노인의 충고에 따라 이 열광적인 플라톤 주의자는 그리스도인을 믿게 되었다. 그는 말했다. "나는 이 철학만이 안전하고 유익하다는 것을 발견했다." 삶의 초반에 일어난 개종 후에 그는 전심으로 기독교를 변론하고 전파하는데 헌신했다.

9) 유대인의 탈무드(랍비의 기록)

바빌로니아 탈무드로 알려진 이 기록들의 한 부분에는 다음과 같이 언급되어 있다.
"유월절 전날 밤에 그들은 예수를 매달았다. 한 고소자가 그 앞에서 40일 동안 계속해서 말했다. 그는 마법을 써서 이스라엘을 유혹하고 타락으로 인도했기 때문에 돌에 맞을 예정이었다. 예수, 그의 편에서 무엇인가를 아는 사람이 있으면 나와서 그를 위하여 변론하게 했다. 그러나 그의 편에서 아무것도 변론하지 않기 때문에 그들은 유월절 전날 밤 그를 매달았다."

이 인용에서 조시 맥도웰 (Josh McDowell)은 다음과 같이 말했다.
"매달았다"라는 표현은 '십자가에 못 박음'에서도 사용되었다. 눅 23:39과 갈 3:13은 이런 뜻으로 이 말을 사용하고 있다. 또 이 바리새인은 유월절 전날 밤에 십자가에 못 박은 일에서 요 19:14에 동의하고 있다. 그러나 왜 유대의 권위자들이 그들의 율법이 말하고 있는 것처럼 예수를 돌로 치는 대신에 '매달은' 것일까? "매달았다"라는 표현은 로마 시대에 예수님의 십자가에 못 박히신 일의 역사성을 증언한다는 것이 최고의 대답이다.

이 부분은 그것을 부인하고 있지 않다는 점에서 중요하다.
첫째로 그것은 예수의 죽음에 유대인들이 관련되어 있음을 부인하지 않는다. 사실 로마인들은 언급조차 되어있지 않다. 오히려 유대 권위자들이 로마인의 방법으로 벌을 받게 했음을 증명하려고 노력하고 있다. 그 결과 예수와 그의 죽음에 관한 역사성은 더욱 확실해졌다.

둘째로 이 부분은 예수가 기적을 행한 것을 부인하지 않는다. 오히려 그 기적들은 마술이나 마법을 통해 행해진 것으로 설명하려고 애쓰고 있다. 예수의 기적에 대한 똑같은 반응은 막 3:22과 마 9:12, 24, 34에도 나타나 있다. 다시 말해서 예수의 역사성뿐 아니라 그가 기적을 행한 시간들도 분명한 확신을 가지게 되는 것이다. (『그는 우리 가운데서 걸어가신다』 Josh M. & Bill Wilson)

10) 브리태니커 백과사전

브리태니커 백과사전 최신판은 예수님을 설명하는 데 20,000단어를 사용하고 있다. 예수님에 대한 설명은 아리스토텔레스, 키케로, 알렉산더, 줄리어스 시저, 부처, 공자, 모하메드, 또는 나폴레옹 보나파르트에게 할당된 분량보다 더 많은 분량을 차지하고 있다.

 그리스도의 삶과 주장들은 한 가지를 결정하도록 요구한다.

세상 사람들이 직면하는 네 가지 선택

그리스도의 주장에 근거하여 우리는 네 가지 선택을 할 수 있다. 즉 그는 거짓말쟁이, 미치광이, 전설의 인물, 또는 진리 중 하나이다. 만일 그분이 진리를 말하고 있다고 생각지 않는다면 다른 3가지 선택 중 하나를 우리는 할 수 있을 것이다. 어떤 사람이 이 3가지 선택 중 하나를 지지할 때 우리는 그들에게 그들의 견해가 받아들일 수 있는 것이라는 증거를 대도록 요구해야 한다.

가. **거짓말쟁이** : 이 견해는 예수 그리스도가 하나님이라고 주장했을 때 예수님은 자신은 하나님이 아니라는 것을 알면서도 자신의 가르침에 더욱 권위를 부여하기 위해 그의 청중들을 속였다는 사실을 전제로 한다. 극소수의 사람들만이 진지하게 이 견해를 지지할 것이다. 그의 신성을 부정했던 사람들조차도 예수님이 위대한 도덕성을 지닌 스승인 것은 인정하고 있다. 이러한 도덕적 가르침을 토대로 볼 때 그가 자신의 신분에 대해 고의적으로 거짓말을 했다고는 볼 수 없다.

나. **정신병자** : 어떤 이들은 예수님이 신실하긴 했지만 환상적이었고 자기기만에 빠져 있었다고 주장한다. 오늘날에도 어떤 사람들은 자신들이 나폴레옹, 조지 워싱턴, 혹은 그리스도라고까지 주장한다. 그러나 우리는 예수님이 정신병자에게서 발견할 수 있는 비정상이나 다른 편집병적으로 고생하는 사람들의 성품이 아니라는 사실을 안다.

다. 전설의 인물 : 기록된 것들 중 많은 부분은 예수님이 하신 말씀이 결코 아니며 3-4세기에 그를 열정적으로 따르던 자들이 그리스도의 말씀이라고 주장했기 때문인 것으로 많은 사람들은 믿고 있다. 그들은 단지 그리스도의 입에다 말씀을 넣어 주었을 뿐이며 그가 오늘 여기 살아 계신다면 그는 이 같은 사상들을 거부했을 것이라고 생각한다. 이러한 견해의 문제점은 현대 고고학의 발견을 무시하는데 있다. 최근의 발견들로 인해 신약 성경이 예수 그리스도와 동시대에 쓰여 진 사실들이 확인되고 있다. 진짜 전설은 그것의 전개에 있어 더욱 중요한 시간들의 지연이 필요할 것이다. 기독교에 관해서는 이 같은 시간의 지연은 존재하지 않는다.

예를 들어, 회의론적 시대의 사람들은 오늘날 우리의 이웃들이 고 케네디 대통령이 하나님이며, 죄를 용서하는 능력을 가지고 있으며 부활했다고 말하는 것 같은 전설을 퍼뜨리거나 수용하려고 하지 않는 것처럼, 이와 같은 것을 소문내거나 인정하는 것을 좋아하지 않을 것이다. 케네디 대통령을 알고 있던 많은 사람들이 아직 도처에 살고 있다. 그와 반대되는 많은 증거들로 인해 그런 소문은 결코 퍼질 수가 없다.

라. 진리 : 유일한 다른 선택은 예수님이 진리를 말씀하셨다는 것이다. 예수님이 주장하셨던 것을 누구든지 주장할 수는 있으나 예수님처럼 자신의 주장한 것을 그대로 행함으로 뒷받침한 사람은 없었다.

예수님이 하나님께 이르는 유일한 길이다. 요 14:6 "내가 곧 길이요, 진리요, 생명이니, 나로 말미암지 않고는 아버지께로 올 자가 없느니라" 예수님은 하나님께로 가는 다리이다. 샌프란시스코만은 심한 파도, 거센 물결 그리고 급한 대류에 의해 태평양과 닿아 있다. 이 거센 물결 위 높은 곳에 골든 브릿지 (금문교)가 있다. 그것은 만에 이르는 좁은 통로로 샌프란시스코와 그림 같은 작은 예술가 도시 사우살리토를 연결한다. 모든 사람이 차고, 급한 대류를 뛰어들어 바다로 휩쓸려 나가는 위험을 무릅쓰기보다는 다리를 사용하는 편을 택한다. 그리고 골든 브릿지 바로 옆에 또 다른 다리를 세우기를 간청하여 샌프란시스코 시와 교섭했던 사람들이 아직은 없다. 그것은 필요하지 않기 때문이다. 예수 그리스도는 거센 물결 위에 세워진 다리이다.

9과

성경의 권위 - 1부
(제시를 위한 요약)

- 개 관 목 적 -
성경의 권위를 제시하는 방법을 가르친다.

 서론

가. 모든 사람들이 성경에 관한 탐색적 질문을 던지고 있다.

　　1) 성경은 정말 하나님의 말씀인가?
　　2) 그것은 역사적으로 믿을만 한가?
　　3) 최근 과학의 발달이 성경을 시대에 뒤떨어지게 할 수 있지 않은가?
　　4) 현재 형태의 성경은 어떻게 이루어졌는가?
　　5) 고고학이 성경의 확실성과 역사성을 조명해 주고 있는가?

나. 이 질문들은 합리적인 것들이며 우리의 믿음이 견고해지기 위해서는 이 같은 질문에 대한 건전한 답을 해주어야할 필요가 있다.

1) 하나님은 우리가 그 해답을 발견하기를 우리들보다 더 원하신다.
2) 하나님은 오직 그의 말씀만큼이나 선하시며 질문하는 자에게는 그 질문에 대한 증거 이상의 해답을 제시해 주셨다. 원래 형태의 성경이야말로 하나님이 인간에게 자신의 진리를 명확히 전달해 주신 책이다.

다. 제시를 위한 요약

1) 성경의 권위에 대한 공부의 1부는 제시를 위한 요약으로 시작된다.
2) 한 개인과 그리스도에 관한 이야기를 나눈 뒤 그가 그리스도에 대해 확고한 결정을 내리기 위해서 이 문제에 관한 구체적인 답변이 필요하다고 여겨진다면 이 요약을 간단히 설명하라.
3) 단지 그의 질문에 대해 만족하게 대답하기 위해서 무엇이 필요한지를 설명하기에 주의를 기울이라. 그런 다음 그가 원하는 경우 그는 예수 그리스도를 영접하도록 격려 해야한다. 이것이 궁극적 목표임을 항상 기억하라.
4) 성경의 권위에 대한 보충 자료는 후에 다루어질 것이다. 이 자료들을 주의 깊게 공부하고 소화하라.

라. '성경의 사용' 대 '순환논리 사용의 원칙'

여기서 한 가지 깊은 논점이 언급되어야 한다.

1) 성경에 적용되는 순환논리는 다음과 같이 정의된다.
   순환논리 : 성경이 하나님의 영감으로 기록되었다고 자체로 주장하고 있기 때문에 성경은 하나님의 영감으로 기록됐고 무오하다고 주장하는 것.

2) 종종 역사적 사실 및 성경 이외의 정보의 신빙성이 성경 말씀을 지지하고 사람들에게 진리를 확신하도록 도와준다.

3) 그러나 하나님께서는 사람이 죄와 의와 심판을 깨닫게 하기 위해 성령께서 성경 말씀을 사용하신다고 말씀하신다(히 4:12). 그러므로 성경에서 성취된 예언의 증거가 제시할 것에 대한 요약의 근거로 사용된다.

4) 그러나 하나님께서 사람의 죄와 구세주에 대한 그들의 필요를 확신시키기 위해 성령께서 하나님의 말씀을 사용한다고 말씀하시기 때문에 성경의 성취된 예언의 증거는 다음에 제시할 것에 대한 요약의 근거로 사용된다.

2 제시를 위한 요약

가. 서론

성경이 하나님의 말씀이며 당신이 신뢰할 만한 것이라는 사실에 대해 타당성을 갖게 해줄 당신이 숙고해 보길 원하는 4가지 영역이 있다.

1) 성경의 놀라운 통일성과 보존
2) 컴퓨터를 통한 증거
3) 성취된 예언들
4) 부활의 증거들

나. _____

1) 성경은 66권이며 40여 명의 작가들에 의해 3개의 대륙에서 3개의 언어로 1,500년 이상에 걸쳐 쓰여졌다. 그럼에도 성경은 한 주제(주 예수 그리스도)를 다룬 한 권의 책이다.

2) 대부분의 책의 수명은 반세기를 못 넘기거나 드물게 1세기 정도 존재하는 책이 있을 뿐이다. 그런데도 성경은 20세기 이상 지속되어 왔으며 시간을 초월하고 말살의 위협을 초월하여 오늘까지 1,000여개 이상의 언어로 번역되어 출판되고 있다.

다. _____

확률 컴퓨터의 측정에 의하면 어떤 한 예언이 한 사람이나 장소, 사건에 대해 25항목을 가지고 있다면 그 예언이 우연히 성취될 확률은 3억 3천만분의 1이라고 한다. ([확대 성서]의 각주 1,056 페이지)

1) 구약에서만 해도 예수 그리스도의 오심을 300회 이상 언급하고 있다.

2) 예수님이 돌아가시던 날 24시간 이내에 성취된 배신, 시련, 죽음, 장사 지냄 등에 관한 예언의 항목만도 25가지나 된다.

라.

예 언		성 취
1) 미 5:2	예수님의 탄생지	1) 마 2:1
2) 사 7:14	동정녀 탄생	2) 마 1:18-24
3) 슥 9:9	나귀를 타신 예수님 예루살렘 승리의 입성	3) 눅 19:29-38
4) 시 22:18	옷을 제비 뽑음	4) 막 15:24
5) 시 69:21	십자가 처형시 쓸개 탄 포도주를 마시게 함 죽으심, 장사, 부활	5) 마 27:34
6) 사 53장	예수께서 자신의 죽음과 부활을	6) 눅 23:33(죽음)
7) 요 2:18-22	예언하심	7) 눅 23:50-53(장사); 눅 24장 (부활)

마.

1) 빈 무덤 - 눅 24:3
2) 예수님의 시체를 도난당했다고 진술하도록 로마 병정들이 매수됨.
   - 마 27:62-66; 28:11-15
3) 수의가 개켜있음 - 요 20:5-7
4) 예수님께서 육신으로 나타나심 - 눅 24:36-44
5) 500여 형제에게 살아계신 모습으로 보이심 - 고전 15:1-5
6) 제자들의 변화 (베드로 : 예수님을 세 번 부인, 그러나 오순절 날 설교하여 3,000명이 회개 - 행 2:41)

7) 사도 바울의 개종 - 행 9장 (예수님께서 친히 그에게 말씀하심)
8) 교회의 세계적인 확장 (부활이 교회 설립의 기초가 됨)

* 한 불신자로부터의 믿을만한 증거

넬슨 글룩(Nelson Glueck) 박사 : 오하이오 신시내티의 Hebrew Union College의 학장. 사해를 중심으로 한 팔레스타인 지역의 고고학적 탐험을 10여 년 동안 한 끝에, 신 8:9절의 예언과 왕상 7:45-46절에 근거한 솔로몬 왕의 구리 탄광을 발굴하고 Time지의 표지에 다음과 같이 대서특필하였다.

"지금까지, 팔레스타인에서 성경에 기록된 것과 모순되는 고고학적 발견은 일절 없었다."

참고 : 솔로몬의 구리 광산 - 하나님께서 모세에게 말씀하시기를 가나안의 산에서 구리를 캘 수 있다고 하셨다.

신 8:9 네가 먹을 것에 모자람이 없고 네게 아무 부족함이 없는 땅이며 그 땅의 돌은 철이요 산에서는 동[copper]을 캘 것이라

비교 : 왕상 7:45-46에서 솔로몬이 성전을 위하여 만들게 했던 구리 그릇에 관하여 언급하고 있다

왕상 7:45 솥과 부삽과 대접들이라 히람이 솔로몬 왕을 위하여 여호와의 성전에 이 모든 그릇을 빛난 놋[구리 합금]으로 만드니라

만약 솔로몬이 구리 광산을 소유하고 있었다면 사람들의 기억에서 완전히 사라지지는 않았을 것이다. 결국 고고학자 넬슨 글룩(Nelson Glueck)이 20년 이상 탐색한 끝에 1944년 어느 날 구리 폐허(Copper Ruin)라고 불려왔던 장소를 발견해냈다. 그는 구리

광석 찌끼의 무더기와 용광로를 발견하게 되었는데, 이 사실은 한때 그곳이 커다란 구리 제련소였음을 증명해 주고 있다.

다른 곳에서도 유사한 장소가 발굴되었다. 발굴된 곳에서 나온 도자기들은 솔로몬 시대와 같은 연대임이 밝혀졌다. 오늘날도 그 근방에는 아직까지 구리 광산이 존재한다.

가장 위대한 증거는 성경의 저작자인 예수 그리스도께서 성경에 대해서 말한 내용이다. 그가 하나님으로 증명된 이상 그가 말한 것은 진리일 수밖에 없다.

> 요 12:48-49 ⁴⁸나를 저버리고 내 말을 받지 아니하는 자를 심판할 이가 있으니 곧 내가 한 그 말이 마지막 날에 그를 심판하리라 ⁴⁹내가 내 자의로 말한 것이 아니요 나를 보내신 아버지께서 내가 말할 것과 이를 것을 친히 명령하여 주셨으니

3 시범

'제시를 위한 요약'을 가르친 후 순장은 순원이 불신자와 어떻게 이 요약을 다룰지를 연습하도록 시켜야 한다. 당신은 4영리를 통해 예수님과 만났으나 당신의 상대자는 성경의 권위를 믿지 않고 있다고 가정하자. 성경의 권위를 확신하는 것은 당신의 상대자가 구원의 문제와 예수님의 인격에 대한 이해를 분명히 하는 데 매우 중요함을 명심하자. 전도자 역할을 맡은 자는 4영리의 2개의 그림에서 시작한다. 불신자 역할을 맡은 자는 다음과 같이 질문한다. "성경이 하나님의 말씀임을 확신할 수만 있다면 나는 기꺼이 내 삶을 그리스도께 맡기겠습니다. 그러나 나는 믿을 수가 없군요."

　전도자 역할을 맡은 자는 다음과 같이 답한다. "좋습니다. 그렇다면 우리가 왜 성경을 하나님의 말씀으로 믿고 있는지를 당신이 이해할 수 있도록 4가지 사실을 설명해 드리겠습니다." 다음과 같이 계속 이야기 하라. "성경은 놀라운 통일성을 보여줍니다." 전도자 역할을 맡은 자는 서론과 제시를 위한 요약 내용을 계속 이야기한다.

 숙제

가. 강의실 숙제

　시범 후에 당신 성경의 뒷부분의 빈 여백에 제시를 위한 요약의 다음 부분을 쓰라. 또는 당신의 폰에 스마트폰에 기록하라. 당신이 간증을 위해 사용할 수 있도록 기록하라.

1) 다음과 같이 시작한다 : "확률 컴퓨터는 어떤 한 예언이 한 사람에게 장소, 사건에 대해 25가지의 항목을 포함하고 있다면 그 예언이 우연히 맞을 확률은 3억 3천만 분의 1이라고 계산했습니다."

(1) 구약 성경에만도 예수님의 오심에 대한 언급이 300여 회 나와 있습니다.
(2) 예수님이 돌아가시던 그 날 24시간 이내에 성취되었던 일 즉 배반, 시련, 죽음, 장사 지냄 등에 대한 항목이 25가지나 예언되어 있습니다.

2) 성취된 예언들(예언과 성취된 성구들을 포함)

3) 부활의 8가지 증거(성구 포함)

나. 점검을 위한 필요요건

1) 상기의 3종목 (5. 가. 1) 2) 3))은 암기해야 한다.

(1) 이야기의 시작 "확률 컴퓨터는…"
(2) 성취된 예언들(예언과 성취된 성구포함)
(3) 부활의 증거들(성구는 언급치 말 것) 성구는 check-out에 그들 성서의 뒷면이나 스마트폰 기록을 참조한다.

2) 순원들은 다음과 같이 그들의 성경 속에 또는 스마트폰에 여러 문장들을 기록해 놓을 수 있다.

(1) 미 5:2을 펴고 그 주위에 마 2:1을 쓴다.
이렇게 해서 미 5:2의 예언이 어디서 성취되었는지 알 수 있다.
(2) 그리고 마 2:1을 펴고 사 7:14을 주위에 쓴다. 이사야 7:14옆에 마 1:18-24을 쓴다.
이렇게 해서 눅 23-24장의 죽음과 부활의 문장들을 끝으로 다룬다.

3) 다음을 강조하라.

그리스도의 신성, 성경의 권위, 복음을 들어보지 못한 사람들의 문제에 대한 이 세 가지 제시가 우리가 다른 사람들과 사역을 하는 한 적절하게 대답할 수 있어야 하는 우리 신앙의 3가지의 필수 분야이다.

성경의 권위 - 2부
(보충자료)

 **서론**

성경은 '66악장으로 된 하나님의 협주곡'이라고 정의되어 있다. 성경의 유일한 주제는 예수 그리스도 즉 그의 사람됨과 그의 업적에 관한 것이다. 그러나 예수 그리스도에 의해 변화된 삶을 살지 않는 사람들은 성경의 권위와 성경의 위엄 있는 전개에 대해 여러 가지 질문을 제기할 수도 있을 것이다.

기독교는 역사에 뿌리를 두고 있다고 말함으로써 우리의 논설을 시작할 수 있다. 예수님은 역사적인 인물이었다. 그는 로마의 인구 조사 때에 계수되었고 그의 죽음은 로마의 사적에 기록되어 있다. "그에 대해서 우리가 진정 무엇을 알 수 있는가?"라고 혹자는 질문한다. 우리는 오로지 우리에게 전해 내려온 자료의 정밀성과 유효성에 의존하고 있다. 다른 사람들에 대해서도 우리는 같은 질문을 할 수 있다. 쥴리어스 시저, 샤르마뉴 대제, 조지 워싱턴 혹은 역사상의 다른 인물에 대해서 우리는 무엇을 알고 있는가? 우리는 그들의 생애와 관련된 정보에 의지할 수밖에 없다.

그리스도의 너무나 엄청난 주장 때문에 그의 삶과 사역과 관계된 사료들의 역사적 타당성을 확립하는 것은 대단히 중요하다. 사료 원본을 결정하는 작업을 'textual criticism'(원문 비평)이라고 부른다.

원본 사료들을 숙고할 때 우리는 오늘날 우리가 알고 있는 성경의 현재 형태에 대해서 잊어버리고, 성경을 고대자료들의 수집물(선집)로 생각해야 한다. 우리는 성경을 다른 어떤 고대 역사적 기록이나 문서처럼 취급해야 한다.

 2 기록의 타당성을 검토하기 위한 절차

가. 신빙성에 대한 3가지 시험

Introduction to Research in English Literary History (『영문학사 연구개론』)라는 책에서 군사학의 교수인 C. Sanders는 일반적인 역사편찬과 문학비평에 이용되는 신빙성에 대한 다음 3가지 시험법을 제시한다.

1) 서적 해제(서적의 저자 출판 일자, 판 따위의 기술) – 기록의 원본과 오늘날 우리가 소유하고 있는 사료의 사본과 원본 사이의 시간적 간격을 조사하는 방법

2) 내적 증거

3) 외적 증거 – 계속성, Type과 anti-type, 예언과 성취, 역사적 사실과 그 결과, 그러면서도 40명의 저자들의 손을 거쳐 기록된 1,500여 년이라는 시간의 경과 등

나. 신약이 쓰인 언어의 신빙성

1) 역사에 있어서 가장 매혹적인 설명 중의 하나는 'Koine'('코이네'로 발음함 : 헬라어로 'Common') 즉 신약성경 원본이 쓰여진 헬라어를 우리가 어떻게 이해하느냐 하는 것이다. 신약성경의 신빙성을 더욱 튼튼히 하기 위해 이 이야기를 요약한다.

2) 헬라어 Koine(코이네)의 기원과 배경

(1) 알렉산더 대왕은 그의 부친이 독살된 후 약 BC 350년경에 그리스의 왕이 된다. 그가 그리스 군대를 조직하려 할 때 그는 극심한 언어 장벽을 발견했다. 거대한 군대를 이루고 있는 사람들은 그리스 전역에서 왔고 적어도 4가지의 다른 방언을 사용하고 있었다. 따라서 군대 전체가 일치되어 그의 명령을 수행하는 것은 불가능했다. 알렉산더는 새로운 언어를 창조할 것을 결심했다. 이 각종의 모든 방언을 결합해서 하나의 간단한 그리스어 즉 그가 'Common' 혹은 'Koine'라고 부른 언어를 만들었던 것이다.

(2) 알렉산더는 그의 지시를 따르지 못하는 사람들을 몹시 경멸해서 그가 명령을 하달할 때 완벽하게 전달하고 완벽하게 이해되게 하고자 하는 결심으로 아마 지금까지 만들어진 언어 중에서 가장 독특한 언어를 만들어 내었다(왜냐하면 koine 헬라어(Greek)에 있어서 각 단어는 한 가지 뜻으로만 해석되기 때문이다.).

(3) 이리하여 BC 300년경 알렉산더 대왕의 대원정과 더불어 이 언어는 모든 땅에 전해졌으며 모든 사람들이 Koine 헬라어를 말하게 되었다. 심지어 그 후에 로마가

세계를 정복했을 때 그들의 모국어가 라틴어였음에도 불구하고 그들은 그리스어를 배웠으며 그리스어는 문명과 교육의 언어가 되었다.

(4) 하나님의 놀라운 계획 속에서 알렉산더 대왕과 예수님의 탄생 사이의 기간에 모든 지식인들이 'Koine'라는 헬라어를 말하고 있었다는 사실을 발견하게 될 때 역사는 신약성경의 원본이 'Koine'라는 헬라어로 기록되었고 가장 평범한 사람에 의해서도 이해될 수 있었다는 사실은 결코 놀라운 것이 아니다.

3) 그 결과 원어에 있어서 성서는 오로지 한 가지 해석만 허용한다고 말해도 괜찮다. 분명히 다양한 적용이 있지만 오직 해석은 한 가지뿐이다.

3 우리의 이해를 도와주는 개념들

가. 정의

1) 이성 : 초자연적인 도움 없이 진리를 추구하는 가운데 작용하는 인간의 지적, 도덕적 기능(faculty)

2) 계시 : 하나님으로부터 온 진리를 사람에게 전달하는 직접적인 신성한 영향, 다시 말하면 '하나님이 나타내 보이신 것'(고전 2:10).

3) 영감 : 진리를 다른 사람이 이해할 수 있는 언어로 정확히 전달하고 보장해주는 직접적인 신성한 영향(딤후 3:16).

4) 조명 : 하나님과 올바른 교제를 하고 있는 사람이 성서를 이해하게끔 도와주는 성령의 영향과 사역 : 하나님의 계시하는 바를 이해하는 것

나. 개념들의 관계

1) 이 개념들은 서로서로 독립해서 존재할 수 있다.

   (1) 사도 요한에게 있어서 계시는 되었지만 기록을 금하셨던 내용이 있다(계 10:4 "일곱 우레가 말을 할 때에 내가 기록하려고 하다가 곧 들으니 하늘에서 소리가 나서 말하기를 일곱 우레가 말한 것을 인봉하고 기록하지 말라 하더라"). 이런 경우 그는 계시는 받았지만 영감을 받지는 못했다.

   (2) 사도 바울은 특별한 계시 없이 영감을 받았다. 그는 그의 서신서에서 그가 기억하고 있는 확실한 사실들을 기록했다. 그 사실들은 그에게 초자연적으로 계시된 것이 아니라 단지 성령께서 바울이 기록하는 것을 감독하시고 오류가 없도록 보호하셨으며 그 내용을 우리에게 주시는 하나님의 말씀으로 만드셨다(고전 7:10, 25).

 4 정경성 : 어떻게 우리의 성경은 만들어졌나?

가. 정의

1) 정경 : 헬라어의 의미 '막대', '측정막대', '표준', '규범'

2) 성경에의 적용 : 권위 있는 것으로 받아들여 지거나 성령에 의해서 영감 받은 책의 목록, 혹은 선집

나. 왜 하나의 정경은 필요한가?

1) 각 세대의 신자들이 하나님으로부터의 완전한 계시를 받을 수 있도록 하기 위해

　(1) 절대적 권위의 표준이 필요하다. 왜냐하면,
　(2) 모든 사람들이 아직 죄성을 가지고 있고 오류를 범하기 쉽기 때문에 그 판단이 헌신 되고, 유능하고, 비범한 것과는 상관없이 어떤 인간에게서도 절대 권위는 찾아볼 수 없기 때문이다.

2) 사람들이 기록된 하나님의 말씀을 소유할 수 있도록 하기 위해 정경이 그 신뢰성을 보증한다.

　(1) 성경이 우리의 신뢰성과 일관성을 보존한다.
　(2) 이 완성된 정경은 예수님의 부활 후에야 우리에게 주어졌다. 하나님은 이야기가 완결될 때까지 기다리셨다.

3) 침투와 타락, 파괴로부터 영감된 기록을 보호하기 위해

　(1) AD 320년에 디오클레시안 로마 황제는 모든 성경을 없애라고 명령했다.
　(2) 당시 기독교인들은 변호해야 할 것과 당국에 양도해야 할 것을 알아야만 했다. 또 어떤 것이 영감을 받았고 어떤 것이 그렇지 않은가를 알아야 했다.

4) 사람들이 영감된 기록의 한계성을 알도록 하기 위해

   (1) 1-3세기를 순회하는 문헌들 중에 많은 문헌이 영감 받았다고 주장되었다. 그러나 다 영감을 받은 것은 아니었다.
   (2) AD 330년 로마의 콘스탄틴 황제는 성경의 사본(copy) 50권을 요구했다(어떤 책이 성경인가에 대한 문제가 다시 제기되었기 때문이다).

 구약 정경

가. 히브리 정경은 세 부분이다.

  1) Torah(토라 : 율법)
    (1) 창세기 (2) 출애굽기 (3) 레위기 (4) 민수기 (5) 신명기

  2) Nebhiim(히브리어로 느비임이라 발음 함 : 예언서)
    (1) 전기 예언서(주로 역사서로 알려져 있다)
      a. 여호수아
      b. 사사기
      c. 사무엘서(사무엘 상하)
      d. 열왕기서(열왕기 상하)

    (2) 후기 예언서
      a. 이사야
      b. 예레미아
      c. 에스겔
      d. 12서(소예언서라 불림)

이 구분은 이해를 위해 매우 중요한데 왜냐하면 예수님께서는 "스가랴가 말하기를..."과 같이 구약성경에서 인용하셨기 때문이다. 그러나 기술적으로 그 내용은 스가랴에서가 아니라 예레미야에서 인용한 것이다. 이유는 그들이 두루마리를 펴는 방법에 있다. 두루마리를 펴는 차례에 있어 예레미야가 첫 번째였기 때문에 예레미야 두루마리라 불린다. 그러나 두루마리를 계속 펴서 쭉 따라가면 곧 스가랴서를 발견한다.

3) Kethubhim or Hagiography(히브리어로 케투빔이라 발음 함 : 또는 성문서[거룩한 문서]라고 부름)
   (1) 시가서 및 지혜문학서
      a. 시편 b. 잠언 c. 욥기

   (2) 5개의 두루마리
      a. 아가서 b. 룻기 c. 예레미야 애가 d. 에스더 e. 전도서

   (3) 역사서
      a. 다니엘 b. 에스라 – 느헤미아(원래는 한 권) c. 역대기서(후에 상하로 나뉨)

나. 원래 구약은 총 24권이었으나 후에 오늘날처럼 39권으로 세분됐다(이는 오늘날 존재하는 것과 동일하지만 구분과 제목에서는 다르다).

6 성경으로 알려진 히브리의 24권의 구약의 공인된 정경이 존재했다는 증거

가. 성경 내의 증거

1) 하나님의 말씀은 하나의 공인된 정경을 승인한다.

   (1) 왕하 22:8-23장
   (2) 느 8장
   (3) 신 6장
   (4) 수 1:8
   (5) 단 9:2

2) 예수님은 구약성경 한권 한권을 성경이라 부르며 인용하셨다.

   (1) 눅 24:44

눅 24:44 너희에게 말한바 곧 모세의 율법과 선지자의 글과 시편에 나를 가리켜 기록된 모든 것이 이루어져야 하리라

   예수님께서는 구약을 세 부분(율법과 예언서 그리고 시편)으로 나누어 부르셨고 거기에 권위를 주셨다: 시편은 성문서에서 가장 먼저 나오기 때문에 성문서 대신 시편이라 말씀하신 것이다.

   (2) 눅 11:51

눅 11:51 아벨의 피로부터 사가랴의 피까지

   여기서 예수님은 구약 정경의 범위를 확증하신다. 아벨은 최초의 순교자요 마지막은 사가랴이다

> 대하 24:21 무리가 함께 꾀하고 왕의 명령을 따라 그(사가랴)를 여호와의 전 뜰 안에서 돌로 쳐죽였더라

아벨은 창세기에서 최초로 죽은 인물이다. 사가랴는 역대하에 나오는 인물인데 히브리어 정경은 우리의 한글 성경과 다르게 역대하가 가장 마지막에 나온다. 그러므로 예수님은 히브리 정경에 제일 처음과 제일 마지막에 나온 순교자를 언급하므로 구약 전체를 일컬으신 것이다. 한글 성경은 히브리 성경과 그 배열이 달라 말라기서가 가장 마지막에 나온다.

3) 바벨론 포로 이후 스룹바벨, 에스라, 느헤미야, 학개, 스가랴, 여호수아 대제사상 등 모두가 그들이 정경을 갖고 있다는 것을 인정하고 있다.

나. 성경 외의 증거

1) BC 425년경 구약 성경의 모든 책이 기록되어 정경에 포함되었다.

2) 시험받고 있는 정경

 (1) AD 30년경 Apion이라는 사람이 유대의 정경은 없으며 모든 것이 신화라고 주장했다.

 (2) 요세푸스는 강력한 항거의 편지를 썼고 정경이 있었다는 사실을 역사적으로 입증하려고 노력했다. 이 뛰어난 편지는 증거문서를 이용하여 유대인의 역사서들이 있었음을 보여준다.

3) 탈무드 : AD 400-500년의 랍비들의 견해에 대한 기록
   탈무드에서도 계속 정경이 존재한다는 것을 인식하고 있다.

   (1) Tosefta Yadayim 3:5 에 이르기를
      "복음서도 이단들의 경전도 사람들을 더럽게 하지는 않는다. Bensira의 책들과 그의 시대 이후로 쓰여진 어떤 책들도 정경이 아니다." (참고 : '사람을 더럽게 하지 않는다'는 정경이 아니라는 유대인들의 표현이다. Bensira는 구약 성경 이후의 책이므로 당연히 구약정경에 포함되어 있지 않다)

   (2) Seder Olam Rabbah 30에는 다음과 같이 기록되어 있다.
      "이 시기까지(알렉산더 대왕) 예언자들은 성령을 통해서 예언했다. 이 시기 이후부터는 당신의 귀를 기울이고 현자의 말을 들으라"

   (3) 외경이 인정되지 않는 이유
      a. AD 4세기 초, 400년 동안 예수님에 관계된 모든 목록은 외경을 제외했으나 5세기가 되어서 로마 가톨릭 교회는 외경들을 정경목록에 살짝 덧붙였다.

      b. 고대 세계에서 성경의 정경을 나타내는 모든 목록은 외경을 완전히 제외시키고 있다.

      c. 예수님과 신약의 저자는 그들의 가르침에서 외경을 결코 한 번도 정경적 권위로 인용하지 않았다.

      d. 요세푸스는 외경을 무시했을 뿐 아니라 이 외경은 정경에 끼기 위해서 노력했으나 거부당하게 되었다고까지 설명한다. 외경은 오류투성이다(AD 30-100년).

      e. 외경 중에 한 권도 성령으로 영감 받았다고 주장하지 않는다.
      f. 외경의 저자 중 어떤 사람도 선지자의 자격을 가지고 있거나 선지자의 권위를 증명하고 있지 않다.

      g. 외경은 많이 왜곡되어 있고 다수의 역사적, 지리적, 시대적 오류를 가지고 있다. 이 기록들을 인정하려면 구약의 설명을 거부해야 할 것이다.

h. 외경은 성경의 다른 부분들에 교리를 가르치며 풍습들을 내포하고 있다.
   (ㄱ) 자살은 허용된다.
   (ㄴ) 살인이 격려되고 정당화된다.
   (ㄷ) 행위로 인한 구원
   (ㄹ) 시주, 마술적 관계
   (ㅁ) 사자(죽은 자)를 위한 기도
   (ㅂ) 연옥 교리

i. 외경의 모순된 기록에 대한 참고 자료
   (ㄱ) 토빗(Tobit) : 제1장이 10지파의 반란 시대의 한 젊은이 – 앗시리아 포로 시대의 한 어린 소년으로 시작된다. 토빗은 200살이어야 했음에도 불구하고 여전히 젊은이처럼 움직인다.
   14:11에서 그는 158살에 죽었다고 한다.
   14:11에서 니느웨는 느부갓네살 왕에 의해 점령당했다고 하는데 이것은 역사적으로 오류이다.

   (ㄴ) 유디트(Judith) 1:1에서 느부갓네살은 니느웨에서 앗시리아 사람들을 지배하지 않았다고 썼으며 토빗에 기록된 사실은 잘못이라고 말한다(외경끼리의 내용 노 서로 충돌함을 보여줌).

   (ㄷ) 마카비 제1서(I Macabees) 14:41-46 문장은 자살을 정당화한다.
   12:41-45 죽은 사람을 위한 기도 : 당신은 죽은 사람을 위해서 기도할 수 있거나 또 그들을 한 상태에서 다른 상태로 돈을 주고 옮길 수 있다.

   (ㄹ) 집회서(Ecclesiasticus) 3:30 → 막대한 기부금으로 구원받을 수 있다. 26-33 → 노예에 대한 학대를 정당화함. 만일 하인들과의 사이에 어려움이 있으면 그를 고문해도 좋다고 제안하고 있다.

   (ㅁ) 솔로몬의 지혜(The Wisdom of Solomon) 8:19-20 → 영혼의 선 존재를 인정함. 한 생명 안에서 동물이 될 수도 있고 개미, 원숭이가 될 수도 있다.

j. 대학자이면서 벌가타(구약성경인 히브리어를 라틴어로 번역한 성경을 가리킴 : Vulgate) 성경의 저자인 제롬(Jerom) 뿐만 아니라 오리겐(Origen), 예루살렘의 씨릴(Cyril of Jerusalem), 아타나시우스(Athanasuis) 등과 같은 초대 교회의 많은 위대한 교부들이 외경에 반대하여 말했다.

k. 종교개혁 기간 중 많은 로마 가톨릭 학자들도 외경을 거부했다.

l. 루터와 종교 개혁자들은 외경의 정경성을 거부했다.

m. 그럼에도 불구하고 AD 1546년 트렌트(Trent) 종교회의에서 로마 가톨릭 교회는 외경을 그들의 정경으로서의 지위를 부여했다. 외경인 토빗, 유디트, 마카비 상하권, 집회서, 지혜서를 포함하여 그들의 정경이 46권임을 확인했다. 개신교는 여전히 39권만이 정경이다. 여기에서 개신교와 카톨릭 사이에 교리의 차이가 더 벌어진다.

7 신약 성경 정경

가. 신약 성경 정경이 필요

1) 이단인 마르시온(Marcion, AD 140년)은 자신의 경전을 개발해서 선전하기 시작했다. 교회는 무엇이 진정하게 영감으로 된 성경인지를 규정하여 오류를 막아야 할 필요가 있었다.

2) 많은 동방 교회에서 예배시간에 영감 받지 못한(정경이 아닌) 책들을 사용하였다.

3) 디오클레티안(Diocletian) 황제는 칙령을 내려 기독교인들의 성스러운 책들을 전멸하라고 시켰다. 교회는 무엇이 성스러운 것인가를 결정해야 했다.

나. 한 책을 신약 정경에 포함시킬 조건들

1) 권위가 있는가? – 하나님의 손으로부터 온 것인가?
   '이와 같이 주께서 말씀하시길'의 성스런 도장을 받고 있는가?

2) 예언적인가? – 하나님의 사람(하나님이 보내신 자)에 의해서 기록됐는가?

3) 믿을만한가? – 교부들은 '의심스러우면 던져 버리라'는 태도를 가졌었다고 한다. 역사에 어긋나지 않고 예언과 일치되는가?

4) 역동적인가? – 변화된 삶을 가져다주는가?

5) 하나님의 백성들에 의해 받아들여지고, 모아졌으며, 읽히고, 사용되어 왔는가?

6) 일관성이 있는가? – 이미 정경으로 인정된 다른 자료들과 일치되고 있는가?

다. 성경 내의 증거

1) 성경의 저자는 정경을 인정하여 신약의 교회에게 정경을 추천한다.

   (1) 벧후 3:15-16

> 벧후 3:15-16 ¹⁵또 우리 주의 오래 참으심이 구원이 될 줄로 여기라 우리가 사랑하는 형제 바울도 그 받은 지혜대로 너희에게 이같이 썼고 ¹⁶또 그 모든 편지에도 이런 일에 관하여 말하였으되 그 중에 알기 어려운 것이 더러 있으니 무식한 자들과 굳세지 못한 자들이 다른 성경과 같이 그것도 억지로 풀다가 스스로 멸망에 이르느니라

(2) 골 4:16

골 4:16 이 편지를 너희에게서 읽은 후에 라오디게아인의 교회에서도 읽게 하고 또 라오디게아로부터 오는 편지를 너희도 읽으라

(3) 딤전 4:13

딤전 4:13 내가 이를 때까지 읽는 것과 권하는 것과 가르치는 것에 전념하라

(4) 살전 5:27

살전 5:27 내가 주를 힘입어 너희를 명하노니 모든 형제에게 이 편지를 읽어 주라

2) AD 70년 예루살렘 함락에서 AD 170년까지 신약성서는 초대 교회들 사이에서 회람되었으며 하나의 정경으로 묶여졌다.

3) 성경은 66권 내에서 3,000번 이상 성령의 영감을 주장한다. Scripture이라는 낱말 (성경에 사용된 경우는 항상 성스러운 권위의 기록을 의미한다)은 신약 성경에서만 51번이나 사용된다.

라. 성경 외적 증거

1) 역사성

(1) 역사적인 관점에서 볼 때 역사나 고고학에 의해 거짓으로 판명된 어떤 진술도 성경 내에는 발견되지 않았다.

a. 밀라 버러우스(Millar Burrows) : 예일 대학의 고고학자. 대체로 고고학적 자료는 성경 기록의 신빙성에 대해서 의심할 여지없는 확고한 신뢰를 갖고 있다. 수많은 고고학자가 팔레스타인에서의 발굴 경험을 통해 성서에 대한 경의를 표한 바 있다.

b. 윌리엄 알브라이트(William F. Albright) : 또 다른 위대한 고고학자. 고고학자들이 구약성경의 전통에 대한 실제적인 역사성을 시인하는 데는 의심이 있을 수 없다.

c. 갈스탱(Garstang) 1930-1936년 여리고 발굴 중에 놀라운 사실을 발견해서 그와 그의 팀의 다른 두 사람은 한 보고서에 서명했는데 다음은 그 일부이다.
"그리고 중요한 사실에 대해서는 의심할 필요가 없다. 성벽이 안쪽으로 너무나 완벽하게 무너져서 공격자들은 기어오를 수 있었고 그 폐허를 넘어 도시로 들어갈 수 있었다." 그렇다면 이것이 왜 희귀한 일인가? 그 이유는 도시의 성벽이 갑자기 한꺼번에 무너져 내린 흔적 때문이다. 수 6:20에 "성벽이 무너져 내린지라 백성이 각기 앞으로 나아가 성에 들어가서 그 성을 취하고…"

(2) 사해사본

1947년, 한 베두인(아라비아 유목민) 목동이 사해 근처 언덕 가까이에 있는 동굴에서 이상한 항아리들을 발견했다. 항아리 내부에는 두루마리가 있었다. 쿰란(Qumran)에서 발견된 이 사해사본들은 20세기의 특출한 고고학적 발견으로 환영받았다. 이 두루마리는 BC 150년에서 AD 70년 사이에 이 언덕에서 번성했던 한 커뮤니티가 있었다는 사실을 밝혀주고 있다. 로마인의 침공을 받자 그들은 그들의 가죽 두루마리를 항아리들에 넣어서 사해의 서해안 절벽의 동굴에 감추었다.
사해사본은 사 38-66장의 많은 내용과 이사야서와 모세5경(창-신)등 구약의 거의 모든 책의 조각들이 포함되어 있었다. 사무엘서의 헤어진 사본도 역시 발견되었고 하박국서의 완전한 두 장 역시 발견되었다. 발견 물 중 비성서적인 항목들도 있었다.

이 기록물들의 연대는 대략 BC 100년경이다. 이 발견의 중요성은 특히 이사야서 사본에 대해 메릴 웅거(Merril R. Unger)가 다음과 같이 말했을 때 인정되었다.
"이사야서의 이 완벽한 기록은 지금까지 발견된 위대한 유물 중 가장 중요한 성서 사본이기 때문에 당연히 큰 평판을 불러일으킨다. 이 발견물은 가장 오래된 히브리의 맛소라 사본(Massoretic Tradition)보다 1000년 이상 앞서기 때문에 이에 대한 관심은 특별할 수밖에 없다." (『유명한 고고학적 발견』에서)

2) 과학적 증거

성서는 과학적 서적은 아니다. 그러나 그 수록된 내용은 과학적으로 정확하다. 사람들은 수 세기 동안 성서에 기록되어 있던 과학적 진리들을 최근에 와서야 발견하고 있다.

(1) 행성의 운행 : 욥 38:31-32 3,000년 이상 전에 기록됨. 묘성과 오리온(묘성 가운데서 가장 밝은 별이며 태양계의 중력의 중심)이 욥에 의해서 언급되었다.

(2) 공기의 무게(Galileo 이전에는 알려지지 않음) 욥 28:25

(3) 바람의 순환(마찬가지로 1630년 Galileo 발견) 전 1:6-7

(4) 중력의 법칙 욥 26:7

(5) 태양과 태양계의 운행 – 시 19:4-6(순환의 뜻은 원 혹은 궤도를 뜻함)

(6) 의학적 정확성 – 전 12:3-7은 나이든 사람에 대한 완벽한 묘사이다.

    a. 12:3 집 지키는 자들 – 손에 대한 언급 : 손과 발의 떨림
       12:3 힘 있는 자들이 구부러짐 – 다리와 무릎이 약해짐
       맷돌질하는 자 – 이에 대한 언급 : 이가 빠짐
       창들로 내어다 보는 자 – 눈에 대한 언급 : 약한 시력

    b. 12:4 새의 소리를 인하여 잠자리에서 일어나게 됨 – 불면증에 대한 언급, 소음이 쉽게 수면을 방해
       음악 하는 여자 – 목소리와 귀에 대한 언급, 잘 못 들음

    c. 12:5 높은 곳을 두려워함 – 공포가 늘어남
       살구나무 꽃 핌 – 백발에 대한 언급
       메뚜기도 짐이 될 것이며 – 육체적 힘의 상실, 작은 일도 큰 짐이 됨.

d. 죽음과 장례를 맞게 됨

3) 교회 공회의 승인

　(1) 히포 공의회(The Synod of Hippo, AD 393년)
　　이 교회는 신약의 27권의 목록을 나열은 했으나 그들이 그 목록에 새로운 권위를 부여한 것이 아니다. 이 공의회는 단지 이미 예전에 세워져 있었던 권위와 정경성을 기록하기만 했다.

　(2) 카르타고(Carthage, AD 397년) 회의
　　신약의 모든 책을 최초로 공식적으로 비준했다. 그러나 정경은 그 자체로써 이미 정립되어 있었다. 그리스도인들은 초대 교회 협의회가 공식적인 비준을 하기 이전에 이미 일반적으로 신약을 받아들였다.

　(3) 이후로는 로마 가톨릭에서나 개신교 모두 신약 27권에 대한 심각한 의문은 제기되지 않았다.

4) 그 시대의 존경받던 지도자들의 승인

　(1) 로마의 클레멘트(Clement AD 397년) : 신약을 정경으로 인정하고 목록에 올렸다.

　(2) 폴리캅(Polycarp, AD 115년) : '이 성경에 쓰여진 대로'라는 문구로 신약과 구약을 언급했다.

　(3) 이레니우스(Irenaeus, AD 180년) : 그의 글은 정경의 승인을 증명했다.

　(4) 알렉산드리아의 아타나시우스(Athanasius of Alexandria, AD 367년) : 신약 27권에 대한 목록을 가장 먼저 열거했다.

　(5) 제롬(Jerome)과 어거스틴(Augustine) : 정경을 27권으로 규정시켰다.

 8 신약의 사본의 증거

가. 몇 명의 권위 있는 사람들에 의한 증거

1) 로버슨(A.T. Robertson) : 그리스 신약성경의 가장 포괄적인 문법의 권위가.
   "라틴 벌가타 사본은 8,000여 개이고 적어도 1,000여 개의 초판이 있다. 게다가 4,000여 개의 헬라어 사본을 더하면 신약성경 사본은 13,000여 개가 된다. 이 모든 것 외에도 신약의 많은 부분을 초기 크리스찬 작가들을 통해 인용해서 재생해 낼 수 있다."

2) 부르스 메츠거(Bruce Metzger)
   "약 5,000여 개의 헬라어 사본… 이것들은 신약의 모든부분, 또는 일부분을 포함하고 있다."

3) 워윅 몽고메리(John Warwick Montgomery)
   "신약성경의 결정적인 text(본문)에 대해서 회의를 품는 것은 모든 고전적 유물들을 모호한 것으로 만드는 것을 용납하는 것이다. 왜냐하면 고대 시대의 어떤 기록도 서지학(책을 정확하게 기술하는 학문)적으로 신약성경만큼 잘 입증된 것은 없기 때문이다."

4) 프레드릭 캐년(Frederic G. Kenyon) 경 : 전 영국 박물관 관장이며 주요 도서관장. 그의 저서 『성서와 고고학』에서는 다음과 같이 쓰고 있다.
   "원본의 저작과 가장 초기의 사본 사이 존재하는 그 간격은 사실상 무시해도 좋을 만큼 미미하다. 성서가 쓰여진 실제 그대로 우리에게 전달되었는지의 어떤 의혹에 대한 마지막 근거조차 오늘날에는 거의 사라졌다. 신약의 권위와 일반적 완전무결은 마침내 정립된 것으로 간주될 수 있을 것이다."

나. 사본의 대조

1) 신약 저작물들이 초기에 존재했다는 증거는 확실하다. 신약에 대한 가치 있는 많은 자료들을 별다른 의의 없이 받아들여지는 다른 고대 자료들과 비교해 볼 때 더욱 명백해진다. 다음 표들을 숙고하라.

저자 & 저서	기록시기	초기사본	기간경과	전해지는 사본 수
1. Ceasar(Gallic War)	BC 100-44년	AD 900년	1,000년	10
2. Plato(Tetralogies)	BC 427-347년	AD 900년	1,200년	7
3. Tacitus(Annals)	AD 100년	AD 1,100년	750년	20
4. Pliny the Younger(History)	AD 61-113년	AD 850년	1,300년	7
5. Thucydides(History)	BC 460-400년	AD 900년	1,400년	8
6. Sopholes	BC 496-406년	AD 1,100년	1,400년	100
7. Aristotle	BC 384-322년	AD 1,100년	AD 100-125년	54+
8. New Testament	AD 50-90년	사본 파편 파피루스	AD 200년	3500+

* AD 500년 이전의 많은 사본이 있음.

2) 신약의 27권 사료들을 의심하고 그것들이 믿을 수 없다고 말하는 것은 모든 고고학적 유물들을 모호하게 하는 것이다. 왜냐하면 어떤 다른 고대의 기록도 서지학적으로 신약성경만큼 잘 입증되지 못했기 때문이다.

 9 구약과 신약 사본들의 증거

가. 특출한 사본

1) 체스터 베티 파피루스(Chester Beatty Papyri, 사본 AD 200년) - 미시간대학이 소유하고 있는 부분과 함께 더블린의 C. Beatty 박물관에 소장. 이 선집 속에는 종이에 기록한 사본이 있는데 그들 중 세 사본에는 신약의 대부분의 내용이 쓰여 있다.

2) 코덱스 바티카누스(Codex Vaticanus, AD 325-350년) - 바티칸 도서관에 소장. 거의 모든 성경 포함. 가장 값진 사본중의 하나이다.(참고 : 코덱스는 현대의 책과 비슷한 형태로서 낱장을 묶어서 표지로 싼 것이다. 이 코덱스가 나오면서 두루마리를 대체했다.)

3) 코덱스 시나이티커스(Codex Sinaiticus, AD 350년) - 영국 박물관에 소장. 시내산의 그 이름을 따서 시내산 사본으로 부르기도 함. 수도원이 1859년 러시아 황제에게 선물했고 그 후 1933년 12월 25일에 10만 파운드를 주고 영국 정부가 사들였다. 이 사본은 신약의 대부분과 구약의 반절가량을 포함하고 있다.

4) 코덱스 알렉산드리아(Codex Alexandrinus, AD 400년) - 역시 영국 박물관에 소장. 브리테니카 백과사전은 이 사본이 이집트에서 헬라어로 기록됐다고 믿는다. 이 사본에는 성경의 거의 대부분의 내용이 기록되어 있다.

나. 브루스(F. F. Bruce)는 "지상에서 어떤 고대 문헌도 신약만큼 풍부하고 많은 훌륭한 사본으로 증명된 것은 없다."라고 말했다.

'나 시리즈'는 하나님의 사람으로 성장하고, 성숙한 신앙으로 발전하며, 주님과 동행하는 영향력 있고 리더십 있는 제자로 교육받기 위해 만들어진 순장 교육용 교재입니다. '나 시리즈'는 '성숙한 나', '멋진 나', '대답이 준비된 나' 총 세 권으로 구성되어 있습니다.

성숙한 나
성숙한 그리스도인으로서 다른 사람을 이해하고 용서하며 권위에 대한 바른 태도를 가지고 좋은 리더가 될 수 있도록 구성

멋진 나
그리스도 안에서 하나님이 주신 꿈을 발견하고, 다른 사람을 사랑하는 제자로 성장할 수 있도록 구성

대답이 준비된 나
하나님과 예수님, 성경의 권위에 대한 변증적인 이슈들을 분명하게 이해하고 대답할 수 있도록 하여 온전한 복음을 전할 수 있도록 구성